TRISTAN HORX

Unsere Fucking Zukunft

Titel auch als E-Book und Hörbuch erhältlich

Tristan Horx

Unsere Fucking Zukunft

Warum wir für den Wandel rebellieren müssen

QUADRIGA

Dieser Titel ist auch als Hörbuch und E-Book erschienen

FSC
www.fsc.org
MIX
Papier aus verantwortungsvollen Quellen
FSC® C014496

Originalausgabe

Textredaktion: Angela Kuepper, München
Umschlaggestaltung: zero-media.net, München
Satz: hanseatenSatz-bremen, Bremen
Gesetzt aus der Adobe Garamond Pro
Druck und Einband: GGP Media GmbH, Pößneck

Printed in Germany
ISBN 978-3-86995-108-9

5 4 3 2 1

Sie finden uns im Internet unter quadriga-verlag.de
Bitte beachten Sie auch: lesejury.de

Für meinen Großvater Paul Strathern – in Anerkennung seiner einmaligen Kombination aus Humor und Weisheit.

Inhalt

Vorwort

Immer wieder habe ich in meinem Leben versucht zu rebellieren. In einer Heavy-Metal-Band gespielt, mir Tattoos zugelegt, in Sri Lanka Englisch unterrichtet, Lederjacken getragen – die Klassiker. Doch irgendwie ist es mir nie so wirklich geglückt. Als Sohn zweier Babyboomer ist Rebellieren nun mal nicht so einfach. Sie sind Hyperindividualisten, geprägt von den Revolutionen der Siebzigerjahre, und waren somit bei jedem meiner Versuche eher erfreut, vermutlich sogar ein bisschen stolz. Ein individuelles Aufbegehren war also schon von vornherein zum Scheitern verurteilt, und auch die kollektiven Jugendrebellionen und Revolutionen, wie sie damals während der Ära der Hippies stattfanden, suchte ich lange Zeit erfolglos. Eine Rebellion ohne einen echten Antagonisten macht eben nur halb so viel Spaß. Bekanntlich braucht man eine Nemesis, um sich wirklich zu wandeln.

Doch dann, 2018, geschah es – Fridays for Future! Die jüngere Generation – zu der ich nicht mehr ganz gehöre – ging auf die Straße und kämpfte für das Klima. Sie brachte damit endlich einen Generationenkonflikt zum Vorschein, der zwar lange da gewesen war, aber immer nur unter der Oberfläche vor sich hin gebrodelt hatte. Dabei war vielen längst klar, dass die Welt des zwanzigsten Jahrhunderts nicht linear ins einundzwanzigste fortgeführt werden konnte. Dafür waren – und sind – die Probleme zu komplex.

Das Schöne an Fridays for Future war: Es wurde nicht gegen etwas, sondern *für* etwas rebelliert: die Zukunft – genau mein Thema. Bald aber ging gehörig etwas schief. Fingerzeige, Anschuldigungen, Unterstellungen, das Übliche – die Kommunikation ging den Bach runter. OK Boomer!, hieß es, die Fronten zwischen den Generationen verhärteten sich. Auf der Seite der Jungen wurde das Boomer-Bashing en vogue, während die Ära der von 1946 bis 1964 Geborenen, von denen viele als Entscheidungsträger:innen in Wirtschaft und Politik fungieren, den Rebellierenden Naivität unterstellte. Auf einmal konnte auch ich, der sich eigentlich als objektiver Generationenforscher sieht, fühlen, wie ich auf eine Seite gezogen wurde – und das war definitiv nicht die der Boomer. Die haben mir bekanntlich meine eigene Rebellion versaut.

Einer wachsenden Rebellion zuzusehen, an der man nur beobachtend teilnimmt, führt, gelinde gesagt, zu Frust. Darf man nicht mitmachen, weil man schon zu alt ist? Was für eine Schande, dass die Zukunft von so etwas Gewöhnlichem wie einem Generationenkonflikt zerstört werden könnte. Dabei ist eines klar: Mit einer Rebellion um ihrer selbst willen ist es nicht getan, es muss sich definitiv etwas ändern. Für unsere Gesellschaft und den Planeten.

Die Zeit drängt, um die verschiedenen Rebellionen und ihre Fronten zu erkennen und sie anschließend konstruktiv auszutragen. Um ein neues Miteinander zu finden, das sich über alte, verkrustete Altersgrenzen hinwegsetzt, statt sich einfach nur an dem ewigen Kämpfen aufzugeilen. Ein Konflikt ist eigentlich etwas Wunderbares, er hält uns innovativ und produktiv, sogar lebendig und evolutionär fit – sofern er richtig gestaltet wird. Ohne eine gemeinsame Zukunftsvision aber wird das nichts. Insofern sollte es ein explizites Ziel sein, positive Veränderungen unserer überbeschleunigten Zeit hervorzuheben und zu zeigen, wohin die Reise geht, seien es Arbeit, Umwelt, Wohnen, Einkommen oder Digitalisierung. Themen, entlang derer sich der Generationenkonflikt abbildet, der mittlerweile nicht mehr ansatzweise produktiv ist.

Es ist eine falsche Dichotomie zwischen Alt und Jung entstanden, die vermeintlich entgegengesetzte Ziele haben. Dabei ist das absoluter Quatsch – es verbindet uns weit mehr, als uns trennt. »Besser streiten!«, lautet daher die Devise. Besser eine Auseinandersetzung austragen, sie klären, um dann gemeinsam nach vorne schauen zu können, statt regressiv in sich hineinzuschmollen.

Fridays for Future hat den Anfang gemacht. Das wahre Zeitalter der Rebellion, vielleicht sogar Revolution, beginnt zum Glück erst jetzt. Vielleicht hilft uns sogar eine Pandemie ein bisschen beim Wandel. *Mögen wir in spannenden Zeiten leben.*

III For Posterity

Im Englischen gibt es ein fantastisches, fast vergessenes Wort namens *posterity* – nicht zu verwechseln mit *prosperity*, dem Wohlstand. Gewöhnlich setzt man *posterity* mit dem Begriff »Nachwelt« gleich, wobei »enkelfit machen« es noch besser trifft. Beide klingen allerdings etwas pathetisch. Nichtsdestotrotz beschreibt es ein Prinzip, das wir als Gesellschaft dringend wieder brauchen. Es bedeutet schlicht und ergreifend, etwas für die Generationen und die Welt nach der eigenen zu tun. Noch pathetischer könnte man es mit dem altgriechischen Leitsatz beschreiben: »Eine Gesellschaft wird groß, wenn alte Männer Bäume pflanzen, in dessen Schatten sie niemals sitzen werden.« Bisschen ausgelutscht, *I know*. Vor allem der Teil mit den Männern ist nicht so wahnsinnig gut gealtert – aber der Sinn ist klar.

Bis jetzt waren wir eher im *Prosperity*-Modus unterwegs. *Live long and prosper*, wie der große Babyboomer-Philosoph Mr Spock von Star Trek einst sagte. Das ist ja an sich nichts Schlechtes, ich würde auch gerne lang leben und gedeihen (so lautet die halboffizielle Übersetzung). Wachstum, Wohlstand, Individualisierung: lohnenswerte Ziele für jede Generation. Nur ist das Ganze leider etwas zu ichbezogen, das »Wir« gerät dabei außer Reichweite. Eigentlich kein Wunder, die Babyboomer sind schließlich auch bekannt als die Me-Generation. Und nicht nur sie: Generationenkonflikte, gemischt mit der Hyperindividualisierung der zweiten Hälfte des zwanzigsten Jahrhunderts, haben dazu geführt, dass Generationen tendenziell eher im eigenen Interesse handeln. Es wurde rebelliert, gekämpft, und in den Siebzigern änderte sich kulturell so einiges. Die Welt wurde schöner, liberaler und globaler. Wachstum, Wachstum, Wachstum …

Die Grundformel des »Ich, immer mehr, immer besser« ging rund dreißig Jahre lang gut. Bis zur Fridays-for-Future-Bewegung schaute die Generation *Prosperity* zu, ruhte sich auf ihren Lorbeeren aus, viel mehr Wandel passierte subsequent nicht. Würde die Erde das aushalten, könnten wir dieses Spiel ewig so weiterspielen. Linearität aber kann gefährlich sein: ein bisschen Veränderung hier, eine kleine Reform dort, während eine Generation in die Fußstapfen der nächsten tritt. Der Blick der Boomer war zu sehr nach innen gekehrt, die Generationstrennlinien zu verhärtet. Nun ist eine neue Einstellung gefordert, eine neue Zukunftsvision muss her, hinter der sich alle Altersgruppen vereinen können. Genug ge-*prospert*, Zeit für *posterity*. Dass Eltern das Beste für ihre Kinder wollen, ist nicht neu – doch dass der Blick dabei über die Grenzen der eigenen Familie, des Landes, des Kontinents hinausreicht, birgt eine Menge Potenzial für gesunde Veränderungen. Das Gute an dem Prinzip: Es gilt für alle, auch für mich, meine Kinder und all die, die folgen werden. Somit kann man niemandem Generationsegoismus unterstellen.

Prosperity im einundzwanzigsten Jahrhundert wird es ohne *posterity* nicht geben – kein Zufall, dass die Worte so ähnlich und doch anders sind.

Kapitel 1

Das Zeitalter der Rebellion

Sie standen vor den Toren der Hegemonie und rebellierten. Auf den Straßen, auf Social Media, überall dort, wo man sie sah, dort, wo es wehtat. Aber warum? Eigentlich war doch alles ganz in Ordnung. Die Wirtschaft, der Motor der Welt, schnurrte genüsslich vor sich hin – wenngleich es alle zehn Jahre mal crashte. Halb so schlimm. Wir flogen um die Welt, und während die Sommer graduell heißer wurden, versteckten wir uns in unseren Filterblasen im Netz. Egal, lief doch alles so, wie es sollte – zumindest an der Oberfläche. Und doch standen sie da und rebellierten. Es gab da nämlich ein kleines Problem in der noch sehr fernen Zukunft: das Klima. Wir Menschen haben es ernsthaft geschafft, die Kohlendioxidwerte der Atmosphäre auf ein Level zu bringen, das es seit mindestens 800.000 Jahren nicht gegeben hat. Die Gletscher schmelzen in den Ozean, die Temperaturrekorde überbieten sich mit vorausschaubarer Regelmäßigkeit. Wobei: »Zwei Grad wärmer« klingt für viele Schlechtwetterhassende gar nicht so schlimm. Bisschen mehr Sonnencreme, und geht schon. Nur doof, wenn der Lieblingsstrand unter Wasser steht, weil die Ozeane durchgehend ansteigen, da kommt man schon ins Nachdenken. Andererseits: »Erderwärmung? – Bei mir schneit es doch gerade!«

Wer zwischen Wetter und Klima nicht unterscheidet, sollte

sich Sorgen machen, denn ihm mangelt es an der Fähigkeit, das große Ganze zu verstehen. Im Kontrast zum regionsbezogenen Wetter ist das Klima mit viel größeren Zeiträumen und meteorologischen Prozessen verbunden – und genau dort schlagen die Expert:innen Alarm. Die Erderwärmung könnte die Menschheit an den Rand der Existenz drängen. Trotz der Brisanz, der Dringlichkeit ist dies für viele ein langweiliges Thema, nur tauglich für Verzichtsfetischisten oder Öko-Fritzen. Warum sollte man sich für ein Problem in fünfzig Jahren ändern oder gar Lebensqualität verlieren – wer will das schon?

Die Fridays-for-Future-Bewegung war vor allem eines: unangenehm. Sie steckt uns noch in den Knochen, verschwunden ist sie nicht, sondern eigentlich im Zeitgeist angekommen. Noch nie ging es uns so gut, und gerade da begannen die Kids von ökologischer Bewegung zu sprechen und entwickelten utopische Vorstellungen von einer grünen Zukunft. Sie verbündeten sich im Netz und gingen für den guten Zweck auf die Straße. Unfassbar, lebten sie doch hauptsächlich in ihrem Smartphone. Forderungen wie bedachter Konsum, weniger Reisen und vor allem ein leicht antikapitalistischer Unterton gefielen der Hegemonie so gar nicht. Versuche, die Bewegung generationenübergreifend zu gestalten, erwiesen sich als nahezu unmöglich. Die Frage ist nur: Warum? Denn eigentlich ist die Erderwärmung doch ein Problem für jeden Einzelnen von uns.

Wenn Ältere sagen oder auch nur denken, es betreffe sie nicht, sie seien zum Zeitpunkt des globalen Meltdowns ja schon tot, ist das zu kurz gegriffen, vom Zynismus ganz abgesehen. Dahinter steckt vermutlich eine ungesunde Dosis Gier oder Egoismus, gelegentlich aber auch eine tiefere Verletzung. »Wir haben euch diese wunderschöne Welt geschaffen, und als Dank geht ihr auf die Straße und kritisiert uns? *Fuck you – we'll burn the whole house down!*« Dank Facebook und Co. war die passende Gegenbewegung zu Fridays for Future schnell vor Ort, jeder ihrer Anhänger:innen angeblich mit mehr Wissen ausgestattet als sämtliche Expert:innen zusammengenommen. Mit Halbwahrheiten wurde rumgefuchtelt, auf Klimatologe:innen herzlich wenig gehört. Anfangs glaubten die jungen Klimakämpfer:innen, diese »Querdenker:innen« würden sich schon noch beruhigen. Doch das stellte sich als Quadratur des Kreises dar – eine unlösbare Aufgabe, solange ein inhaltlicher Diskurs nicht möglich war. Die Klimaleugner:innen wurden schon bald die Impfgegner:innen des Planeten. Lästig, laut, pseudowissenschaftlich und nur dank einer noch gesunden Umwelt möglich. Doch es ist leicht, Bullshit zu reden, wenn die Gefahr einen selbst noch nicht betrifft. Sobald die Covid-19-Pandemie zum Normalzustand wurde, waren genug Verschwörungstheorien im Umlauf, und sie kamen wieder aus ihren Löchern gekrochen. Die Lage erhitzte sich – zumindest weitgehend –, aber nur auf einem diskursiven Level. Es blieb ja noch etwas Zeit.

Das Machtgefälle sprach nicht gerade für die Verfechter:innen des Planeten. Gefühlt hauptsächlich aus der Generation Z stammend, also ab 1995 geboren, war die Fridays-for-Future-Bewegung im Schnitt sehr jung. Das Medien-Narrativ lautete entsprechend: »Noch nicht einmal im Berufsleben angekommen, geschweige denn mit irgendeinem Kapital ausgestattet – außer einem moralischen –, stellen die plötzlich Forderungen? Frechheit.«

Nicht wenige Klimaaktivisten:innen mag es erstaunt haben, mit welch lahmen Argumenten ihnen die Gegner:innen kamen. Und dass sie damit Erfolg hatten. Eine Symbolfigur musste her, und das schleunigst, sonst würde das nichts, dachten sie sich.

Die Lage war so düster, sie drängte jeden noch so Introvertierten zu den Protesten. Untypisch, so wie die Leitfigur der neuen Öko-Bewegung. Greta Thunberg ist keine laute, charismatische oder narzisstische Person. Das ruhige, stille schwedische Schulmädchen wurde dennoch zum Gesicht der Fridays-for-Future-Bewegung – und sie wurde gehört.

Politiker:innen und Schauspieler:innen, Welt- und Zeitgeist-Führer:innen ließen sich mit Greta abfotografieren. Sich noch schnell den Thunberg-Stempel holen, bevor man dann entspannt, genau, nichts tat. Ein paar luftige, nicht bindende Klimaziele absegnen, und die Sache war gegessen. Endlich wieder Ruhe für das System, das war ja anstrengend. Hoffentlich würden die unbequemen Kids bald wieder Ruhe geben. Man konnte doch die Wirtschaft nicht herunterfahren! Das hieße ja Verzicht. Und der ist gegen den menschlichen Fortschritt. Die »Bewegung« samt ihrer schüchternen Anführerin sollte endlich zurück in die Schule – sonst gäbe es am Ende keinen guten Job. So ein Pech, Aufstand abgesagt. So viel zur Geschichte der Rebellion.

Öko-Proteste gegen »das System« und dessen Institutionen, die den Planeten langsam zermürben, sind im Grunde nichts Neues. Nur hatte diesmal die vorherige Generation die Welt nicht fast zerstört, sondern sie eigentlich wiederaufgebaut. Gegen den Zweiten Weltkrieg und die Gräueltaten, die dort unter dem »Deckmantel des Fortschritts« passierten, »durfte« man ja noch richtig protestieren. Das war begründbar und rechtschaffen, hier setzt mein Zynismus für einen Moment sogar aus. Leider aber beging die Hippiebewegung den Fehler, zu viele soziale Normen gleichzeitig zerbrechen zu wollen. Freie Liebe schön und gut, aber Umwelt und Drogen? Das war zu viel des Guten.

Tragischerweise hätte es zwischen Fridays for Future und der Achtundsechziger-Bewegung viel synergetisches Potenzial gegeben. Statt Konflikt und Generationenstreit hätte man gemeinsam der früheren Mission der Eltern und Großeltern nachgehen können. Die Hegemonie bestand generationsmäßig schließlich zu einem Großteil aus denjenigen, die damals rebelliert hatten. Aber irgendwie versandete jenes Potenzial im Generationenkonflikt, von Medien und Echokammern ins Netz getrieben. Anstatt sich darauf zu besinnen, dass man eigentlich dieselben Werte verfocht oder zumindest mal verfochten hatte, wurden Lager gebildet. Die stillen Unterstützer:innen aller anderen Altersgruppen wurden nicht gehört, obwohl sie sicherlich die Mehrheit bildeten. Die Babyboomer-Generation, die das Fundament für die Welt des einundzwanzigsten Jahrhunderts legte, ist nicht spießig geworden. Oder wenn, dann nur ein paar. Sie fühlte sich aber kritisiert und nicht für ihre Errungenschaften wertgeschätzt. So wurde den Boomern schnell unterstellt, sie hätten ihre Ideale verloren. Seien in den Achtzigern und Neunzigern selbstgefällig geworden, hätten ihren Einsatz für das Klima eher als »Jugendrebellion« statt als Suche nach echtem Wandel verbucht, und seien vom handlungsbereiten Hippie zum Spießer geworden. Mieses Timing, anders kann man es nicht ausdrücken. Denn eigentlich richtete sich die Rebellion ja nicht gegen die Eltern. Die jüngere Generation musste lange nach einem Grund suchen, um auf die Straße zu gehen. Sich gewohnheitsmäßig gegen die starren, konservativen Einstellungen der Eltern aufzulehnen, war nicht zwingend nötig. Schließlich hatten die Babyboomer die Welt in sozialen wie in finanziellen Fragen maßgeblich verbessert und für eine Liberalisierung der Gesellschaft gesorgt. Wie also rebelliert man nun gegen jemanden, der einen im Grunde so akzeptiert, wie man ist? Im Vergleich zur Revolution der Siebzigerjahre fand somit keine Rebellion gegen die Eltern per se statt, sondern die Forderung nach einer weiteren Evolution der schönen Welt, die sie geschaffen hatten. Auch wenn das nicht immer so rüberkam. Allerdings sind bei der Kommunikation Sender und Empfänger gleich wichtig.

So gingen die Anhänger:innen der Fridays-for-Future-Bewegung also auf die Straße, und es brachte außer ein bisschen Aufmerksamkeit herzlich wenig. Ein paar leere Versprechen folgten, umgesetzt wurde von denen »da oben« jedoch relativ wenig. Mit Neo-Nationalisten und protektionistischen Größen wie Trump & Bolsonaro an der Macht, weigerten sich sogar große Staaten, beim gängigen moralischen Greenwashing mittels PR und Spenden mitzumachen. Und das trotz der erdrückenden Fakten, trotz der extremen Erderwärmung. Ganz offenbar war es einigen immer noch zu viel, wenigstens so zu tun, als täten sie etwas.

Was könnte dann helfen?, fragten sich die jungen Protestierenden und mit ihnen, meist im Stillen, auch jene, die mit ihnen sympathisierten.

In der Verzweiflung braucht es einen außergewöhnlichen, unerwarteten Verbündeten. Am Ende rückte die Kavallerie in Form einer Pandemie an. An der Spitze der Coronakrise wurde auf einmal all das, was in der Fridays-for-Future-Bewegung gefordert wurde, möglich – und weit mehr. Reisen, Konsum, unser Alltag wurden auf ein Minimum zurückgeschraubt. Rückbesinnung auf das Wesentliche. Vielleicht ging der Zeitgeistwandel so leicht vonstatten, weil die Klimaleugner:innen mit dem Impfgegnertum beschäftigt waren. Fünfzehn Prozent der Gesellschaft sind anscheinend einfach dafür, dagegen zu sein. Die Wirtschaft wurde also heruntergefahren, um Menschenleben zu retten. Im ökologischen Footprint des Jahres 2020 können wir sogar einen Dip im CO_2-Ausstoß erkennen. So hat sich der »Earth Overshoot Day«, also der Tag, an dem wir Ressourcen für ein ganzes Jahr auf der Erde bereits verbraucht haben, zum ersten Mal verspätet. Seit 2010 hatten wir bereits im August unsere ökologische Grenze für das gesamte Jahr erreicht, im Coronajahr 2020 war es September – immerhin. Starke Stilbilder machten im Netz die Runde: Delfine schwammen in Venedig, man konnte London dank reduziertem Smog auf einmal wieder in seiner vollen Pracht sehen. Während der kurzen Spaziergänge schien der Wald sogar grüner. Und sei es nur, weil man seit Jahren wieder hinging.

Pardon, so extrem war das doch gar nicht gemeint, mögen sich einige Ewiggestrige gedacht haben. Ihnen hatte maximal eine graduelle, leichte Reduktion vorgeschwebt sowie neue Technologien, die endlich ernsthaft gefördert werden sollten. Ein bisschen Entschleunigung, etwas weniger Benzin. Doch auf einmal sahen unsere Rebellierenden, dass es möglich war – wenn auch anders als geplant.

Nicht nur technologische Erlösung, sondern soziale Intelligenz hat uns zu einem Sieg gegen das Virus verholfen. Über die Impfstoffe freuen wir uns alle, aber gerettet haben wir uns auch mit sozialem Verzicht, Maskentragen und einer Prise Solidarität. Der Konsum, das ewige Hamsterrad, das sich Arbeitswelt nennt, alles war kurzzeitig einem völligen Stillstand unterworfen. Vor allem, weil es um die Gesundheit der Alten und Schwachen ging. Das war für die Rebellierenden, die jetzt nicht mehr wirklich aktiv waren, keine große Sache. Schließlich lieben sie ihre Eltern, Opas, Omas. Kein Problem, sich eine Zeit lang einzusperren, nicht zu reisen und zu konsumieren, um sie zu schützen.

Das ist natürlich leicht überspitzt gesagt. Die Jungen haben nicht die Alten gerettet. Im besten Sinne haben wir uns gegenseitig gerettet, so gut das in einer Pandemie geht. Wir haben erlebt, dass mit menschlicher, sozialer Intelligenz und Verhaltensänderung vieles möglich ist. Veränderung, so haben wir gesehen, muss nicht in der Bürokratie und den Institutionen der Welt erstarren und versickern. Ein Wandel ist durchaus möglich, wenn wir als Gesellschaft über die Generationengrenzen hinweg kooperieren – und uns sogar solidarisieren. Ausnahmen bestätigen die Regel. Nach einer gefühlt gescheiterten Rebellion war dies also das nächste prägende Ereignis.

Kann Veränderung also nur dann stattfinden, wenn konkrete Gefahr vor der Tür steht? Wenn nicht das Klima, sondern ein Virus anklopft?

Wir sind besser als das. Diese Katharsis wird Konsequenzen haben. Als unveränderbar erklärte Systeme, Strukturen und Institutionen werden untersucht, hinterfragt und gesprengt werden. Ohne eine Pandemie hätte es in Klimafragen vermutlich noch wesentlich länger gedauert, etwas zu bewegen. Da die Wirtschaft sowieso am Boden ist, haben nun viele der Machtträger:innen jedoch verstanden, dass der Weg nach vorne ein ökologischer sein muss. Mit mehr Erdöl und Kohlekraftwerken wird es keine Zukunft mehr geben – das haben Industrien von Autoherstellern bis Fast Fashion nun endgültig erkannt. Es gibt keinen Weg zurück, das macht der Konsument und Bürger von morgen nicht mehr mit. Spätestens in zwanzig, dreißig Jahren, wenn die Fridays-for-Future-Generation zum Hauptkonsumenten- und Arbeitsblock wird, wird's schwierig mit althergebrachten Wegen. Unternehmen mögen Planbarkeit – hier ist sie. Wenn sogar Audi und Porsche die Verbrennungsmotoren absagen, wissen wir, da hat sich etwas fundamental verändert.

Eine Flucht nach vorne ist unsere einzige Option. Krisen sind nicht mehr abstrakt, die Gesellschaft wird sich Greenwashing nicht länger gefallen lassen. Insofern mussten wir vielleicht erkranken, um anschließend wirklich zu gesunden. Sollten wir es nicht schaffen, einen besseren Generationsdiskurs zu schaffen, könnte sich das Muster einfach wiederholen – an dieser Stelle liebe Grüße an die Beteiligten der Achtundsechziger-Bewegung. Dann werfen die Kinder der Fridays-for-Future-Generation einen Blick auf ihre Eltern und denken sich: Wie konnten die so spießig werden? Dazu noch ein abwertender Begriff wie »Fridays für Faulenzen«, und wir haben gesellschaftlich wirklich nichts dazugelernt.

Diese Abwärtsspirale gilt es zu brechen.

Das Erlebnis einer intergenerationalen gesellschaftlichen Solidarität, gepaart mit einem Veränderungswillen, der in erster Instanz enttäuscht wurde, ist eine feurige Mischung. Die Kombination dieser Dynamiken war nicht aufzuhalten, aus der Glut entstand eine lodernde Flamme des Wandels. Kaum hatte man Corona nach dem ersten Lockdown im Frühjahr 2020 gefühlt in den Griff bekommen, ging die nächste Rebellion los. Und auch sie war gigantisch. Die Kombination aus dem Wissen, was alles wirklich möglich ist, und der angespannten Stimmung führte zu den Black-Lives-Matter-Protesten, die sich prompt über fast den ganzen Globus verteilten. Diesmal richteten sie sich gegen soziale Normen, die nicht hinterfragter Alltag waren. Gegen Rassismus, Ausgrenzung aufgrund der Hautfarbe. Durch die bereits gesellschaftsdurchdringende digitale Vernetzung und verstärkt durch den Fakt, dass wir alle Corona-bedingt sowieso zu Hause vor dem Rechner festsaßen, ging es richtig durch die Decke. Außerdem waren wir nicht von unserem Alltag abgelenkt und konnten reflektieren und sehen, wie schlimm der Zustand in Fragen des Rassismus wirklich ist. Alteingesessene Ressentiments, die teilweise auch institutionell gefestigt waren und es teils noch sind, wurden massiv kritisiert. Von den zugespitzten gewaltvollen Zuständen in Amerika bis hin zum weltweiten Alltagsrassismus.

Gezündet wurde diese Rebellion durch ein mit einer Handykamera aufgenommenes Video, in dem zu sehen ist, wie der Afroamerikaner George Floyd in Minneapolis von einem weißen Polizisten getötet wird. Tragisch ist, dass es solche Videos immer wieder im Netz gab, sie nur niemals zu solch viraler Stärke gekommen waren. Entweder man legitimierte die Inhalte mit »die verrückten Amerikaner und ihre Waffen«, oder man ging in sich und erinnerte sich daran, dass man doch selbst einen Schwarzen im Freundeskreis hat. Hinterlässt im Nachgang einen bitteren Geschmack, oder? Unter Umständen führte das isolierte Reflektieren, das wir alle im Lockdown durchleben mussten, zu ein bisschen Katharsis. Die Zeit war also reif, das Momentum diesmal nicht zu stoppen. Wir konnten nicht wegsehen. Zumal im Hinterkopf noch immer das vermeintliche Scheitern der Fridays-for-Future-Bewegung schwelte, mit einem Drang nach gesellschaftlichem Fortschritt.

Politisch war die Situation eine Katastrophe für die Hegemonie. Populisten wie Trump und seine Freunde konnten mit keiner der beiden Krisen wirklich umgehen. Kooperation ist für Schwache, *ich* bin mir selbst der Nächste. Soziales oder meteorologisches Klima? Betrifft mich nicht … Die Folge war ein Kollateralschaden, der den Rest der Welt mit sich herunterzog.

An dieser Stelle ist bitte zu beachten, dass die »heile Welt« des späten einundzwanzigsten Jahrhunderts diese Neo-Populisten an die Spitze der Weltmacht beförderte. Vielleicht war die Welt doch nicht so heil, wie wir glaubten. Da muss man sich schon fragen, ob der Status quo wirklich der Weg vorwärts ist oder ob es eine Wende braucht. Populistische Machthaber:innen verkörpern genau das, wogegen sich die Rebellionslust richtet. Wir im Westen haben eine Tendenz, die Gegenwart aufzublähen, weil es uns schließlich ganz gut geht. Von der Spitze aus kann es bekanntlich nur bergab gehen. Tief mit den Strukturen verwachsen, verherrlichen wir die Vergangenheit, getarnt als Gegenwart. Wenn kein Wandel stattfindet, reproduziert sich die Vergangenheit. Somit sorgen wir für eine Zukunft, die es für garantiert niemanden geben wird.

Noch eine gescheiterte, vergessene, aber wichtige Bewegung im Machwerk der Protestkultur des einundzwanzigsten Jahrhunderts war Occupy Wall Street. Erinnert sich noch irgendjemand daran? Im Schatten der Finanzkrise 2008 ging es um globale ökonomische Ungerechtigkeit. Im Finanzzentrum New Yorks, der Wall Street, wurde eine Zeltstadt aufgespannt, es wurde gegen das eine Prozent, das knapp vierzig Prozent besitzt, rebelliert. Bis sich etwas ändere, würde man diesen Platz besetzen, hieß es. Der Wohlstand gehöre doch schließlich allen. Trotz massiver Proteste, die sich auch auf andere Städte erstreckten, gab es vonseiten der Hegemonie nicht einmal luftige Versprechen. Irgendwann zerbröselte die Bewegung, die Anhänger:innen mussten schließlich irgendwie ihre Familien versorgen. Wieder war das Mittel der graduellen zeitlichen Zermürbung erfolgreich. Dabei war die Schere zwischen Arm und Reich so pervers groß geworden, dass es eigentlich schon nicht mehr auszuhalten war. Dennoch passierte nicht sonderlich viel – anfangs zumindest. Es folgte die Diskussion rund um das bedingungslose Grundeinkommen. Immerhin. Weiterhin sorgte die Renovierung der Bankenregulation dafür, dass in der Coronakrise die Weltwirtschaft nicht völlig implodierte. Dennoch wurde die Protestbewegung enttäuscht, die tiefe soziale Ungerechtigkeit ignoriert. Wieder handelte es sich um ein gesellschaftspolitisches Thema mit einer Note Generationenkonflikt. Die (tendenziell) jungen Menschen in den Zeltstädten hatten weder Reichtum noch Kapital, noch hatten sie Machtpositionen inne.

Aber auch diese Revolution wird wiederkommen, zu groß sind die sozialpolitischen Fragen und Konsequenzen, die die Coronakrise aufwirft. So schnell werden sie nicht wieder verschwinden, auf Zeit spielen wird den Machthabern diesmal nichts bringen.

Es ist absehbar, dass die nächste Rebellion sich das Thema der ökonomischen Ungerechtigkeit noch einmal vorknöpft. Auch wenn die Coronakrise viel Licht auf die maroden Zustände unserer Welt gerichtet hat, wurden die Ungleichheiten weiter verstärkt. Das eine Prozent, um das es in den Occupy-Wall-Street-Protesten ging, erzielte noch groteskere Höhen des Reichtums. Die finanziellen und sozialen Ungerechtigkeiten gehen mit einer horrenden Situation am Arbeitsmarkt einher. Die Erfahrung der Jugend, in Wirtschaftskrisen nach Jobs zu suchen, wird diesen Konflikt an einen Punkt bringen, wo das System noch mal heftig hinterfragt werden muss. Durch die Normalisierung des Homeoffice am Arbeitsmarkt beispielsweise (danke, Corona) ist endlich eine Forderung der Jüngeren sichtbar möglich geworden, wenn auch leicht verspätet. Als die Millennials diesen Gedanken Anfang der 2000er an ihre Arbeitgeber:innen herantrugen, wurden sie naiv und faul genannt. Die Coronakrise aber zeigte uns, dass Homeoffice keine utopische Vision ist, sondern Normalität sein kann. Wir leben nicht mehr im Zeitalter der Industrialisierung, die digitalen Generationen erst recht nicht. Die Strukturen und Normen rund um Arbeit haben diesen Wandel allerdings nicht verstanden. Das Office als glorifiziertes Gefängnis hat ausgedient. Produktivität ist nicht gleich Anwesenheit. Arbeit und Leben müssen vereinbar sein. Die Diskussion um die Vier-Tage-Woche wird neu entfacht werden, die um das bedingungslose Grundeinkommen ebenso. »Leben und Arbeiten in Würde« wird die zentrale Forderung dieser Bewegung sein, eine strukturelle Anpassung an die Moderne. Es darf nicht passieren, dass einige im einundzwanzigsten Jahrhundert weiterhin im Überfluss ertrinken. Dazu sind die Ungleichheiten nun zu sichtbar geworden. Der Wandel der Arbeit vom Zeitalter der Fabriken hin zur Ära der kreativen Digitalisierung wird notfalls auf der Straße forciert werden – wenn sich nichts ändert.

Eine Konstante, die sich durch die Proteste zieht, ist das Hinterfragen des Status quo und der Welt, die er schuf, das Sich-nicht-zufrieden-Geben mit der eigentlich sehr gemütlichen Welt, in der wir vermeintlich leben. Viele unterschwellige Konflikte und Ungerechtigkeiten zwischen den Generationen auf dem ganzen Planeten konnten durch die Krise, die sich 2020 nennt, zum Vorschein gebracht werden. Vor allem wandelte sich die anfängliche Verdrossenheit der Jugend mit der Zeit in Veränderungskapital. Wandel ist möglich, wir haben es am eigenen und gemeinsamen Leib erlebt. Zu lange wurde nicht ordentlich rebelliert, seit den 68ern der gegenwärtige Zustand großenteils hingenommen. Zu gefangen waren wir im Alltag, in angeblich unveränderbaren Umständen, in der doch eigentlich heilen Welt im Westen. Die Zeit stand irgendwie still, wir mussten die Gegenwart aufblähen, weil wir uns keine gemeinsame Zukunft mehr vorstellen konnten. Wir waren erstarrt, weil wir doch vermeintlich ganz oben angekommen waren. Das ist nun vorbei. Durch die digitale Vernetzung, den Generationenkonflikt, der endgültig überkocht, und die Coronakrise haben wir derzeit ein perfektes Gebräu für einen Wechsel des Zeitgeistes. Offen ausgetragener Konflikt führt zu Klärung.

Bis jetzt aber lief der Krieg unter der Oberfläche ab: schmollend, unterschwellig, unausgesprochen. Wenn sich nichts ändert, werden die nächsten zehn Jahre das Zeitalter der Rebellion(en) werden. Bis sich eben etwas ändert. Das vermeintlich Unveränderbare wird verändert werden. Das Offensichtliche thematisiert, ewig Akzeptiertes kritisiert. Aber anders, als es bis jetzt der Fall war, nämlich mit wesentlich mehr Solidarität zwischen den Generationen. Es wird sich zeigen, dass sich die Menschheit aus ihrer Pubertät in der Moderne befreien kann und reifen wird.

Einen besseren Zeitpunkt für eine Kurswende als nach einer Pandemie gibt es nicht. Auf die Pest folgte die Renaissance, auf die Spanische Grippe das Wirtschaftswunder. Nun beginnt der Kampf um die nächste Erneuerung. Nur diesmal alle zusammen, es geht schließlich um UNSERE fucking Zukunft.

Kapitel 2

Generationen

Hinter jeder Rebellion, und in Konsequenz hinter den meisten Revolutionen, zieht sich ein feiner roter Faden des Generationenkonflikts. Bei Ersterer geht es um den intellektuellen Kampf für den Wandel des Zeitgeistes. Gelingt dieser nicht, landen wir bei Zweiterer und gehen auf die Straße, im schlimmsten Fall zünden wir Autos an.

Die Differenz muss aber nicht nur in der Frage der Gewalt liegen, das ist vielleicht etwas zu primitiv. Der philosophische Unterschied zwischen diesen oft synonym gebrauchten Begriffen wurde von Hannah Arendt sehr gut getroffen: »Das Ziel einer Rebellion [ist] nur die Befreiung […], während das Ziel der Revolution die Gründung der Freiheit ist.« Manchmal reicht auch einfach die Emanzipation, ohne das ganze System neu aufbauen zu müssen. Die Bilder von dramatischen Straßenschlachten für mehr Demokratie und Gerechtigkeit sind uns allen bekannt. Manchmal ist der Generationsfaden auf Anhieb sichtbar, oft steht aber ein größeres moralisches Ziel im Vordergrund. Dennoch, der gemeinsame Nenner zwischen den Protestbewegungen ist der Clash der Generationen.

Um zu verhindern, dass die Rebellionen unserer Zeit in Revolutionen münden, ist es meine Zielsetzung, eine neue Kommunikation und somit Solidarität zwischen den Generationen zu finden. Es braucht den Blickwinkel einer neuen Generation, um Missstände offenzulegen. Dieses Mal aber muss die Rebellion hin zu einer echten Veränderung führen, und die gelingt nur, wenn wir den Dialog aufnehmen und uns zusammentun. Um den Anteil jedes und jeder Einzelnen an diesen Clashs zu verstehen, muss ein bisschen Aufklärung betrieben werden, sodass wir den Streit entlang der Alterslinien nachvollziehen, ihn klären und uns über ihn hinwegsetzen können.

Wissen Sie eigentlich genau, welcher Generation Sie angehören? Das wäre nämlich gut zu wissen, bevor wir uns letztlich damit auseinandersetzen, warum das Generationskonzept eigentlich Bullshit ist.

Ein kurzer Selbsttest:

- Haben Sie die Hippie-Revolution miterlebt oder sogar mitgemacht? Nutzen Sie zu viele oder gar keine Emojis beim Versenden von WhatsApp-Nachrichten? Das »Daumenhoch«-Emoji reicht Ihnen als nicht ironische Antwort? Facebook & Fernsehen sind nebst der Zeitung Ihres Vertrauens Ihr Lieblingsmedium? Ich gratuliere, Sie sind ein Babyboomer. Sorry wegen der bösen Memes über Sie.

- Wenn Sie nicht wissen, zu welcher Generation Sie gehören, sich aus Ihrer frühen Kindheit aber noch an die kiffenden, viel älteren Counter-Culture-Studenten:innen erinnern, dann steht Ihr eigenes Generationsmotto – »Kopf runter, hart schuften« – in ziemlichem Kontrast dazu. Der Vietnamkrieg war zwar doof, aber Sie wissen nicht mehr genau, wieso? Damit gehören Sie wahrscheinlich zur Generation X – der vergessenen Generation. Es gibt rein demografisch nicht so viele von Ihnen, aber Sie arbeiten ja hart. Leider wurden Sie immer ein bisschen von den Boomern überschattet.

- Ab jetzt darf ich duzen, ich bin einer von euch. Erinnerst du dich noch an Myspace? Die Social-Media-Plattform, die wir alle hatten, von der wir uns aber wünschten, wir könnten sie ungeschehen machen. Noch vor WhatsApp gab es den MSN-Messenger, Yahoo war noch ernst zu nehmen. Den Übergang von Walkman zu iPod bis iPhone hast du am eigenen Körper miterlebt? Den Terroranschlag von 9/11 in Amerika als größte Katastrophe deiner Lebenszeit in Erinnerung und *nice*, gleich zwei Wirtschaftskrisen durchgemacht? Hallo, Millennial, auch bekannt als Gen Y! Übrigens: Zum großen Teil wurden wir von Boomern erzogen. Mein Beileid.

- Bist du mit dem Smartphone aufgewachsen? Hast swipen vor dem Gehen gelernt, bist digital verseucht? Du findest, Facebook ist nur was für alte Leute? Recht hast du. Instagram-Influencer:innen sind zwar lustig anzuschauen, aber irgendwie auch peinlich. Generation Z, ihr seid die jüngste, digitalste Generation jemals. Den Übergang zwischen analog und digital habt ihr nicht mehr miterlebt. Zugleich seid ihr die Hoffnungsträger:innen und Zündler:innen der Fridays-for-Future-Generation, die das Zeitalter der Rebellion maßgeblich prägen werden.

Vielleicht haben Sie sich erfolgreich verorten können – oder auch nicht. Wichtig ist es aber, zu untersuchen, welche Klischees stimmen und welche eventuell überzeichnet wurden. Für Generationenkonflikte sind sie fantastische Indikatoren. Dass eine ältere Generation auf der jüngeren herumhackt und sie kritisiert, ist wirklich nichts Neues. Übrigens geht die Kritik auch in die andere Richtung, aufgrund der Machtverhältnisse nur meist nicht so erfolgreich. Vor allem die Nutzung neuer Technologien ist hier ein beliebtes Motiv. So hatte auch schon Plato die Jugend für ihre Verdummung durch die bösen, neuartigen Bücher verdammt. Sie würde ja verlernen, sich Dinge zu merken.

Neu ist, dass die jüngeren Generationen ihre paternalistisch angehauchten Älteren in Wahrheit eigentlich gernhaben. Der Generationenkonflikt ist dadurch zwar noch nicht gelöst, aber ein Schritt nach dem nächsten.

Schauen wir uns die Geschichte der modernen Generationen doch etwas genauer an. Es sei an dieser Stelle erwähnt, dass es sich hier um Archetypen handelt, die latent bis sehr generalisiert sind – nur so macht es auch Spaß. Die Übergänge zwischen den Generationen sind sehr fluide, ein früher Gen Xler kann durchaus ein hippiehafter Babyboomer sein, ein später Millennial sich schon wie aus der Generation TikTok anfühlen.

Die »Boomann«-Generation: 1946–1964

Im öffentlichen Diskurs ist der Begriff »Boomer« wohlbekannt. Dank Internet, Memes und ein bisschen Generationenkonflikt wird so einiges über die Babyboomer verbreitet. Aber wer und was sind sie eigentlich genau?

Zuerst einmal die kalten, harten Fakten. Der Name Babyboomer kommt daher, dass die Angehörigen dieser Generation in einer Zeit des Aufschwungs geboren wurden – und es deswegen auch ziemlich viele von ihnen gibt. Ab 1946 ging es los mit dem Wiederaufbau der Welt nach der Zerstörung der beiden Weltkriege. Die Erde musste wieder nachbevölkert werden, also boomten die Geburtsraten bis etwa 1964. Bei den Verlierermächten wie Deutschland oder Japan fand das fröhliche Vermehren etwas später statt. Schließlich führte die Erfindung der Anti-Baby-Pille dann zu einem konstanten Geburtenrückgang.

Klar prägend für diese Generation waren die wirtschaftlichen Chancen, die ihnen quasi zu Füßen gelegt wurden. Nach der völligen Zerstörung konnte es nur bergauf gehen. Dabei war es kein geschenkter Wohlstand, die Boomer-Generation hat hart gearbeitet, die Welt wiederaufzubauen. Obwohl die Europa-Boomer im Schnitt über etwas weniger Wohlstand verfügen, sind sie grundsätzlich nach wie vor die reichste Generation, vermutlich bis ins Jahr 2030. Damals war Rente noch ein erstrebenswertes und realistisches Lebensziel, und sie war auch noch verdammt gut.

Die Arbeitskultur, die uns nach wie vor prägt, haben die Boomer ebenfalls eingeführt. In ihrer Jugend, also rund um das Jahr 1960, war die Formel relativ klar: Gute Ausbildung + harte Arbeit = guter Job. Oft wird ihnen nachgesagt, sie hätten eine Kultur von Arbeitsjunkies geschaffen. Zu einem gewissen Grad stimmt das auch. Es ist allerdings nicht so, wie oft behauptet wird, dass sie im Vergleich zu den jüngeren Generationen schlichtweg fleißiger wären. Sie wurden im Verhältnis einfach besser entlohnt für ihre harte Arbeit. Trotz pädagogisch wahnsinnig wertvoller Aussagen wie »Eine Ohrfeige hat noch nie jemandem geschadet« stammt der Erfolg eigentlich von einer positiven Feedback-Schleife. Aufgrund der immer besser werdenden Wirtschaftslage in ihrer Phase der Jobfindung stimmte die Arbeits-Entlohnungs-Gleichung, und die Entwicklung ging stetig weiter nach oben. Alle drei Jahre ein neuer Dienstwagen sowie Gehalts- und Jobaufstieg waren für viele drin, und das motivierte umso mehr, zu arbeiten – und überzeugt zu sein, dass man doch ganz, ganz fleißig und schlau sei. Sehr gut fürs Generationenego.

Kleine Anmerkung: Jede Generation, seit wir denken können, hat über die darauffolgende gesagt, sie sei wehleidig und faul. Das sind auch die Generationen X, Y, Z nicht. Aber wir »Jungen« haben fortschreitend erkannt, dass die Arbeitsgleichung nicht mehr so aufgeht, wie es in den Boomer-Jahren der Fall war. Das Abflachen des Wirtschaftswachstums hat somit das Klischee der Arbeitsunwilligen, angeblich nicht leidensfähigen jüngeren Generationen noch verstärkt. Hier gibt es keinen Schuldigen – so gerne mancher vielleicht einen hätte.

Babyboomer-Bashing ist wohl eine der einfachsten und dankbarsten Tätigkeiten, denen man nachgehen kann. Es gibt sogar eine Menge Bücher dazu, ein gemeinsamer Feind verbindet bekanntlich. »Ihr habt die Zukunft ruiniert mit eurem eigensinnigen Konsum!« – »Ihr habt nur an euch selbst gedacht!«, lauten typische Anschuldigungen. Sogar das Internet wurde angeblich von ihnen ruiniert. So gerne man sich über sie erzürnt und sie des Spießertums bezichtigt, ganz so stimmt das nicht, und zu einer besseren Zukunft führt es auch nicht. Der einfachste Weg ist in diesem Fall der schlechteste.

Prägend für den globalen Zeitgeist war die Rebellion der Babyboomer, auch bekannt als die Achtundsechziger-Zeit in Deutschland. Bedingt durch die Boomer-Klischees wirkt es möglicherweise unglaublich, aber sie waren die Hippies und haben gegen konservative Strukturen in Familie und Politik aufbegehrt. Nach den Weltkriegen hatten sie wirklich die Nase voll vom Kollektivismus ihrer Elterngeneration. Sie haben erlebt, wie der Funke der Rebellion aufglomm, haben ihn fast in das Feuer einer Revolution verwandelt – man denke an die Proteste gegen Atomkraftwerke & Co. Die Bewegungen zur Ökologie, Liebe und Achtsamkeit wurden vor über vierzig Jahren von der Boomer-Generation gestartet. Sie waren die »Ich«-Revolution mit einem Tick »Wir«-Rebellion. Nicht umsonst wurden und werden Boomer oft als »Generation ME« bezeichnet. Sie brachten uns das Zeitalter der Individualisierung. Auch wenn natürlich längst nicht die Mehrheit mit langen Haaren und Peace-Zeichen auf die Straße ging, hat sich der Zeitgeist damals dennoch maßgeblich gewandelt. Die Spitze ihrer Rebellion hatte Konsequenzen für alle Alters- und Gesellschaftsschichten.

Selbstverwirklichung an erster Stelle spielte eine große Rolle im Glück und in der Toleranz der Moderne, das sollten wir nicht vergessen. Insofern ist es umso tragischer, dass die Boomer jetzt mit Spießertum und konservativen Wertvorstellungen assoziiert werden. Vielleicht übersehen wir, dass sie mit einem Großteil ihrer Forderungen definitiv siegten. Natürlich gab es Leute aus der Babyboomer-Generation, die mit der Progressivität nichts anfangen konnten. Aber man findet auch Angehörige der jüngeren Generationen bei Pegida und der AfD. Rückwirkend lässt sich sagen, dass das Momentum der Hippiebewegung als Speerspitze auch von den regressiven Zeitgenossen nicht aufzuhalten war. Homosexualität wurde entstigmatisiert, Frauenrechte wurden gepuscht. Nicht alles geschah von heute auf morgen, aber der graduelle Prozess hin zur liberalen Welt von heute wurde von ihnen in Gang gesetzt. Klar, die Zukunft konnte nicht aus Woodstock und Free Love bestehen, aber die Boomer sind zumindest in einer weitaus liberaleren Welt zu Spießern geworden – vielleicht kann man es dann eher verzeihen.

Das Klischee des Spießers ist neben dem üblichen Generationenkonflikt vor allem durch Dynamiken im Netz entstanden oder zumindest verstärkt worden. Hier wurde der Krieg zwischen Alt und Jung in Form von Memes ausgetragen. Der Startpunkt war das Auftauchen einer Form des Humors, den nur Babyboomer amüsant fanden – gemischt mit ein wenig paternalistischer Bevormundung.

Boomer-Humor ist ein geniales Forschungsfeld. Anhand dessen, was uns zum Lachen bringt, können wir grundlegende Werte ganz gut erkennen – und das gilt für alle Generationen. Was aber finden Babyboomer überhaupt lustig? Typischerweise sind es Witze über die vermeintliche digitale Verseuchung und Faulheit der Jugend – ein altes Muster. Kinder, die mit ihrem Smartphone verwachsen sind und keinen Bezug zur Realität mehr haben. In welche Steckdose steckt man eigentlich ein Buch? Für die »echte« Welt da draußen ist die Jugend nicht mehr gewappnet, wie lustig. Inwiefern das auf die Generation – namentlich die Boomer selbst – zurückfällt, die großenteils diese Kids erzogen hat, sei mal dahingestellt. Sonst gibt es im Angebot noch abwertende Witze über Ehen und Ehepartner:innen, meistens gegen Frauen. Zum Brüllen. Aber in der Hyperindividualisierung ist Zweisamkeit nicht so einfach, das merken auch die Generationen nach ihnen. In Filmen finden Boomer es besonders amüsant, wenn klassische Gender-Rollen gebrochen werden, also etwa ein Mann als Frau verkleidet durch den Alltag gehen muss. Absolut zum Wegschmeißen.

Diese Art von Humor wurde im Netz von den jüngeren Generationen karikiert, mit einem großen Finale: zuerst das Meme und dann der Ausdruck »OK Boomer«, gefolgt vom Archetypus der sogenannten Karen.

Die *New York Times* schrieb im Oktober 2019 vom echten Ende der freundschaftlichen Beziehungen zwischen den Generationen. Sogar im deutschsprachigen Raum schaffte es der Ausdruck »OK Boomer« in die Top-3-Wörter des Jahres. Es ist ein Stereotyp, das sich aus dem paternalistischen Boomer-Humor ergibt, der die jüngeren Generationen infantilisiert. Peter-Pan-Syndrom, die Verweigerung, erwachsen und reif zu werden, so lautet der Vorwurf vonseiten der Boomer, der mit Memes bekämpft wird. Kennen wir schon aus der Vergangenheit. Am treffendsten wird dann mit »OK Boomer« kommentiert, wenn die ältere Generation engstirnige, veraltete und herablassende Kommentare über einen macht. Durchaus beabsichtigt ist hierbei die völlige Vermeidung einer inhaltlichen Auseinandersetzung. Implizit sagt die Jugend damit: Wir finden nicht auf einen gemeinsamen Nenner, der Diskurs ist aufgrund von Überheblichkeit und Paternalismus nicht mehr möglich. Ihr habt eure Meinung und Welt, wir unsere – die Distanz können wir nicht mehr überbrücken. Ein Totschlagargument par excellence. Oder vielleicht eher ein rhetorisches Mittel zur Diskurs-Beerdigung. Natürlich erzürnt dies den Boomer in seiner Hoheit nur noch mehr. Funktioniert somit also genau wie beabsichtigt und bestätigt den Vorwurf der Überheblichkeit und des Paternalismus gleich noch mit. Nur leider ist das für das Gesellschaftsgefüge eher ungesund, auch wenn es wirklich verdammt lustig sein kann.

Die Meme-Fabrik produzierte munter weiter. Während »OK Boomer« im Diskurs rund um Fridays for Future die anscheinend nicht zu vereinbarenden Weltansichten zum Thema Klima betraf, gab es in der darauffolgenden Black-Lives-Matter-Rebellion eine neue Waffe im Generationenkonflikt. Der Archetyp »Karen« wurde ins memetische Leben gerufen. Der Name steht in Amerika für einen besonderen Typus Frau. Eine echte Karen als Negativ-Vorbild gibt es eigentlich nicht, der

Name ist vielmehr Platzhalter für die weiße, spießige und veränderungsresistente amerikanische Mittelklasse. Ihre Klischee-Frisur – an den Seiten kurz und oben hochtoupiert – kann man kaum in Worte fassen. Meistens aus der Babyboomer-Generation stammend, ist sie selbstgerecht, laut, leicht bis hochgradig rassistisch und gibt sich nicht mit der Welt zufrieden. Wenn nicht alles so läuft, wie sie will, dann verlangt sie den Geschäftsführer oder eine andere höhere Autorität zu sprechen. Sie steckt fest in der Welt der Achtziger, wo alle noch nach ihrer Pfeife tanzten und sie immer im Mittelpunkt stand. Sichtbar geworden ist Karen durch Handyvideos – erneut zeigt sich die Macht der Digitalisierung. Regelmäßig wird sie von der Internet-Polizei erwischt, wie sie einem afroamerikanischen Mann nicht glaubt, dass ihm sein Auto gehört, er in einem schönen Haus lebt oder einfach nur ohne düstere Motive im Park spazieren gehen möchte. Klingt nach einem exklusiv amerikanischen Klischee? Falsch gedacht.

Kein westliches Land bleibt von dem Karen-Archetypus verschont, in England heißt dieser Charakter Becky. In Deutschland gibt es zum Beispiel Alman, der ist wohl tendenziell männlich. Die türkische Community hat diesen Begriff ins Leben gerufen, und er trifft wie die Faust aufs Auge. Auch hier geht es wieder um die hyperindividualisierte weiße Babyboomer-Mittelklasse, die möchte, dass die Kids und Ausländer:innen doch endlich den von ihnen geschaffenen Regeln folgen. Eines der wichtigsten Jagdterritorien von Alman ist, natürlich in deutscher Manier, die Autobahn. Der archetypische Alman ist der Raser sechzig plus, Mercedesfahrer, der einen bei 180 km/h mit der Lichthupe bedrängt. Partyverbot wegen Lärmbelästigung, Mallorca als Lieblingsort, Warteschlangen im Supermarkt sind hingegen das Kryptonit.

Ungeduld und übertriebene Selbstgerechtigkeit ziehen sich als Motiv durch unsere Karens, Almans, Beckys und wie sie sonst noch heißen. Die Korrelation zwischen Vornamen und den Memes ist übrigens perfekt. Zwischen 1946 und 1964, also in den Boomer-Jahren, zählte Karen wahrlich zu den beliebtesten Babynamen in Amerika, dann verschwand er von der Bildfläche. Wer heutzutage seine Tochter noch Karen nennt, hasst sie oder hat zu viele Memes konsumiert.

Als die »OK Boomer«- und Karen-Memes im Netz ihre Runden machten, lachte ich noch ganz herzhaft. Aber dann wurde es auf einmal persönlich: Harry Potter war ins Visier der Memer geraten. Mühelos zerriss die wiffere, jüngere Generation Z mit brutalen Witzen eine der zentralsten Ikonen meiner eigenen Generation. Bezeichnete sie, und somit uns Millennials, als platt, peinlich und klischeehaft. Es war klares Generations-Cybermobbing, und ich war erzürnt. Nun gut, nicht wirklich – ich mochte Harry Potter in meiner Kindheit nicht mal sonderlich. Dennoch entwickelte ich ein seltsames, solidarisch anmutendes Mitgefühl mit meinen Altersbrüdern und -schwestern. Es war eine kleine Dosis davon, was die armen Babyboomer im Netz erleben müssen. Klischees machen eben nur so lange Spaß, bis sie einen selbst treffen.

Generation X: 1965–1979

X steht eigentlich für die ungehörte, die verlorene Generation. Aber keine Sorge, ganz so schlimm ist es dann doch nicht. Die vergessene Generation hat es wahrlich nicht leicht gehabt, den Zeitgeist zu beeinflussen. Im Schatten der Boomer gab es immer das Versprechen eines persönlichen Aufstiegs, der nie ganz die gleichen Höhen wie zuvor erreichen konnte. Nicht nur die Boomer waren ihre Eltern, sondern auch diejenigen, die die Weltkriege noch hautnah miterlebt hatten. Die Erfindung der Pille und der Wohlstand des Aufschwungs waren zwei Faktoren, die die Geburtenraten ab Mitte der Sechzigerjahre doch eher niedrig hielten. Demografisch war das Ganze eher ungünstig für die Angehörigen der Gen X, sie wuchsen als kleinere Kohorte im Schatten der lauten, rebellierenden Babyboomer auf. Statt Sex, Love & Rock 'n' Roll lautete das Motto: »Kopf runter und durch«. Die Armen.

Vor allem am Arbeitsmarkt hatte das Konsequenzen. Die guten Jobs und Positionen waren von Boomern besetzt; zumindest aber profitierte die vergessene Generation aus deren Vorarbeit und Wohlstand, sodass sie eine gute Bildung genoss. Die nutzte ihr aber nicht viel. Obwohl die Gen Xler darüber hinaus technologisch versiert und selbstständiger als die Boomer waren, reflektierte sich nichts davon in ihrem Einkommen. Sie verdienten in ihren Dreißigern nur etwa siebzig Prozent der Vorgeneration. Es waren schon alle guten Jobs vergeben, ohne Seniorität geht in der Chefetage genau gar nichts. Das tat weh.

Der Optimismus der Boomer wurde durch einen neuen Skeptizismus ersetzt. Die Generation X war die erste, die weniger materiellen Besitz als die vor ihr erreichen konnte. Durch Erben ging dann schon ordentlich was, aber aus eigenem Fleiß war es eher knifflig. Insofern sind ein bisschen Verbitterung und Skepsis zu verstehen. Man merke sich diese Dynamik, sie wird uns noch öfter begegnen. Eine der Folgen war ein leichtes Zurückrutschen in konservativere Einstellungen, als kleine Rebellion gegen die Werte der Hippiebewegung und die Political Correctness der Siebzigerjahre. Regress-Revolutionen sind jedoch wesentlich weniger cool, in die Vergangenheit schauen, hat gar einen spießigen Touch. Wirklich protestieren, rebellieren mussten die Angehörigen der Generation X dennoch nicht sonderlich viel. Die Welt des Wiederaufbaus durften sie mit all ihren Vorteilen auskosten. Insofern gab es wenig Grund, auf die Straße zu gehen. Es wurde hart gearbeitet und ansonsten das Leben genossen – Ausnahmen bestätigen die Regel. Deswegen waren sie auch mit der Arbeitswelt, die die Boomer geschaffen hatten, weitaus kompatibler. In fast allen Studien zur Generationenkompabilität ist zu sehen, dass diese zwei Generationen gut miteinander arbeiten können. Danach wird es etwas schwieriger.

Ab 1965 geboren, wurden die ersten Gen Xler um das Jahr 1984 zu jungen Erwachsenen. Was Orwells Dystopie anbelangte, war weit und breit kein Zusammenhang zu erkennen. Wohl eher begann bald der digitale Aufschwung. Das Internet wurde geschaffen. Nach und nach gab es funktionsfähige Computer in den eigenen vier Wänden – das konnten sich die Eltern sogar leisten. Oft wird im öffentlichen Diskurs die Generation nach X, also Y, als die erste digital verseuchte bezeichnet. Wir waren wohl doch nicht ganz die Ersten. Und hatten nicht auch Boomer Computer? Heutzutage sind sie zumindest fleißig auf Facebook … Gerne wird versucht, ein falsches binäres Verhältnis zu schaffen. Die Übergänge und Nutzungen von digitaler Technologie sind jedoch weit fließender, als wir es gerne hätten. So war die Generation X absolut gewillt, sich in dieser neuen Welt zurechtzufinden, und wurde maßgeblich von ihr geprägt. Sie war also keineswegs die letzte »analoge« Generation.

Von der Sitcom-Welt von Friends bis Alf, in der absolut nichts passiert, lässt sich auch ihr Humor ableiten. Relativ zahm, ironisch, familienorientiert. Gleichzeitig prägten die Neunziger mit ihrer seltsamen Nostalgie sie kulturell sehr stark.

Damals war alles wirklich verdammt *nice & easy*. Kein Wunder, dass diese Zeit so oft in der Mode- und Medienwelt verherrlicht wird.

Generation Y: 1980–1994

Auch bekannt als die Millennials, sind die Angehörigen der Generation Y nach den Babyboomern die momentan zweitgrößte Generationenkohorte. Sie haben den Übergang zum digitalen Zeitalter in der Jugend miterlebt. Noch nicht ganz mit dem iPhone aufgewachsen, aber doch mal einen Walkman besessen. Im öffentlichen Diskurs häufig als digital verseucht bezeichnet, bildeten sie eher die zweite Spitze der Individualisierung. Da ihre Eltern hauptsächlich Boomer waren, färbte dieser Wert zu einem gewissen Grad auf sie ab. Es gab wenig Rebellionsgrund gegen Vater und Mutter, denn Individualisten akzeptieren Unterschiede, unterstützen sie sogar. Während die Eltern noch aus streng hierarchischen Familien stammten, konnten sich die Millennials viel eher selbst finden und entwickeln. Ähnlich wie die Boomer haben sie also auch den Vorwurf des Eigensinns, des Ich-Fokus und der verträumten Faulheit ertragen müssen. Zu bequem und auf sich selbst fokussiert? Mitnichten.

Im Vergleich zu den Generationen vor ihnen haben sie zwar einen höheren Bildungsstandard, aber leider wird ihnen eher das Zertifikatesammeln unterstellt, dazu viel formelle Bildung, aber keine Erfahrung und Verankerung in der Realität. Verträumte, unpragmatische Faulenzer:innen also. Entsprechend wurden sie schon als »Generation Praktikum« bezeichnet: nach dem Uni-Abschluss ein paar freie Praktika absolviert, es jedoch nicht ordentlich in den Arbeitsmarkt geschafft.

Die Finanzkrise von 2008 machte ihnen einen Strich durch die Rechnung. Während eines Wirtschaftszusammenbruchs einen Job zu finden, ist nicht einfach, egal, wie gebildet man ist. Neue, wenn auch sachkundige Leute anzustellen, bedeutet finanziell für Unternehmen einfach zu viel Risiko. Gut, dann halt noch ein paar schlecht oder nicht bezahlte Praktika anhängen, die Wirtschaft beruhigt sich sicherlich wieder. Insofern ließen sich viele Vertreter:innen der Generation Y einen befristeten Arbeitsvertrag mit vager Aussicht auf Verlängerung gefallen. Das ging nicht immer gut. Oft gab es gerade mal zwei Optionen: auf die Selbstständigkeit ausweichen oder zurück ins Praktikum rutschen.

Als 2008 überwunden war und gerade etwas Stabilität im Job erlangt wurde, kam schon die nächste Wirtschaftskatastrophe: die Coronakrise. Die digitale »Generation Me« ist somit zu einem höheren Level an Eigenständigkeit gezwungen, was sich im Grunde ganz gut trifft. Hinzu kam die Forderung nach einer Möglichkeit, Job und Leben zu vereinen. Sehr dreist, zeugt von schlechter Arbeitsmoral. Work-Life-Balance hieß das Credo, das sich um einhundertachtzig Grad gegen die Arbeitswelt wandte, in die sie einsteigen mussten. Insofern war das Ausweichen in die Selbstständigkeit in diesem Kontext sinnvoll, wenn auch nicht immer sicher oder profitabel. Was die Vorstellungen von der Sinnsuche und der Vereinbarkeit des Berufs- mit dem Privatleben anbelangt, so wurden diese enttäuscht. Für alle digitalen Bereiche in Unternehmen waren die auch als »Digital Natives« bekannten Millennials zwar ganz nützlich, ansonsten aber blieb man doch lieber bei den bewährten, erfahrenen älteren Generationen – die arbeiten ja bekanntlich härter.

So unbeschwert wie die Generation X vor ihnen konnten die Millennials nicht sein. Die Terroranschläge von 9/11 und die Wende der Globalisierung geschahen in ihren prägenden Jahren. Als die zwei Türme in New York im Boden versanken, waren gefühlt die besten Jahre vorbei. Es gab einen ewigen Krieg in Irak und Afghanistan, neo-nationalistische Tendenzen konnten diesen Nährboden nutzen. Das endete in der Flüchtlingskrise und dem Emporsteigen von neuen, dämlichen Populisten wie AfD, Trump usw. Warum rebellierten die Jungen nicht dagegen? Ging es ihnen einfach zu gut, waren sie zu selbstgefällig? Warum auch etwas verändern, das nicht wirklich kaputt ist. Großteils setzten sie sich zwar für die vertriebenen Menschen aus dem Nahen Osten ein, aber eine ordentliche Protestbewegung wie zum Beispiel die Achtundsechziger oder später Fridays for Future kam nicht wirklich zustande. Es gab sie schon, aber sie war wesentlich leiser. Eine verborgene Revolution, die subsequent das Fundament für das Zeitalter der Rebellionen setzte – paradoxerweise durch den Mangel an solchen.

Die Gen Y ist höchst mobil und definierte sich durch das Reisen in der globalen Welt. In jungen Jahren hatten die Millennials schon mehr von der Welt gesehen als ihre Großeltern in ihrem ganzen Leben. Man könnte sie auch als »Generation Global« bezeichnen – statt digital. »Sammle Momente, nicht Dinge«, lautet der pathetische Leitsatz dieses Zeitgeistwandels – ein bisschen bis sehr postmateriell. Er äußerte sich eher in Form von Konsumveränderung, anderen Ansprüchen an das Leben statt aktiver Revolutionsarbeit. Und so war die bereits erwähnte Work-Life-Balance das Symptom einer antimaterialistischen Bewegung, die sich langsam in den Zeitgeist einarbeitete. Die Welt zu erkunden, war ein zentrales Lebensziel – weswegen auch 9/11 und die konsequente Wende der Globalisierung so wehtaten. Die Welt, die die Vor-Generationen schufen, war geprägt von Fülle, Bequemlichkeit und Aufschwung. Ein antimaterialistisches Mindset war somit nur möglich, weil es uns schon so gut ging. Als aufgrund der enttäuschenden Situation am Arbeitsmarkt klar wurde, dass ein monetärer Zugewinn wesentlich schwieriger werden würde, wurde das Augenmerk auf weichere Faktoren gelegt. Eigenes Glück, Ausgeglichenheit und seelische Harmonie konnten nur deshalb priorisiert werden, weil, das muss betont werden, es der Gesellschaft dank den Babyboomern so gut ging. Die stille Rebellion war somit eigentlich ein Loblied auf die Elterngeneration, auch wenn sie nicht so aufgefasst wurde. Sie hatte zum Ziel, eine weitere Evolution davon zu schaffen, was ein gutes Leben ausmacht: nicht mehr Geld, sondern mehr Glück in die Gleichung zu integrieren.

Um das Bild abzurunden: Was findet die Gen Y lustig? Am ehesten ist es ein fatalistischer, selbstverherrlichender Humor, der sie am besten beschreibt, gemischt mit ein bisschen Boomer-Bashing. Der Spruch »Ich bin so kaffeeabhängig, während ich mich in meinem schlecht bezahlten Job langweile« trifft es vermutlich am besten. Die Enttäuschung darüber, dass das mit dem Postmaterialismus und der neuen Arbeitswelt nicht geklappt hat – obwohl sie doch eigentlich so privilegiert sein sollten –, und der daraus resultierende psychologische Schaden werden mit schwarzem Humor und Zynismus verarbeitet. Das Lieblingsbrettspiel der Gen Yler ist Millennial-Monopoly: Stell dir vor, du startest ohne Geld, kannst dir nichts leisten, die Welt brennt, und irgendwie bist angeblich du schuld daran.

Generation Z: 1995–2015/2020

Nun ist es endlich so weit mit der vermeintlich digitalen Verseuchung einer ganzen Generation. Wenn Millennials Digital Natives sind, ist die Generation Z nicht allzu weit entfernt von Cyborgs. Ab 1995, also quasi mit dem Smartphone in der Hand geboren, sind sie derzeit die Jüngsten am Ende des Generationenalphabets. Wenn man dem Muster folgt, müsste es eigentlich schon seit 2015 eine neue Generation geben. Aber irgendwie fehlte dazu bis dato noch die richtige Krise oder zumindest der richtige Buchstabe. Da ja bekanntlich die Digitalisierung und die Künstliche Intelligenz die Menschheit ausrotten werden, trifft sich das ganz gut, denn auch sie haben es nicht leicht. Durch ihren hohen digitalen Konsum werden ihnen oft Konzentrationsschwäche und mangelnde Aufmerksamkeit unterstellt – aka Generation ADHS. In der Meme-Welt gibt es eine wunderbare Bezeichnung für dieses Klischee: der sogenannte »Zoomer«, der dauernd nur Energydrinks trinkt und zwischen fünfzig Apps pro Minute swiped. »Zoom« wie das Geräusch eines schnell fahrenden Elektroautos, metaphorisch für die Aufmerksamkeitsspanne, die ihn alle zehn Sekunden dazu zwingt, von einer Notification zur nächsten zu rauschen. »Zoom« wie die Video-Konferenz-App, mit der er es nun endlich geschafft hat, allen analogen, zwischenmenschlichen Kontakt zu vermeiden. Als Millennial verspürt, wie bei Boomern und Xlern, man den Drang, all diesen Klischees recht zu geben. Diese Kids und ihr neuartiger, übertriebener Technologiegebrauch … Ob das ihre DNA bereits verändert hat? Doch ganz so schnell überholen zwanzig Jahre Digitalisierung die menschlichen Grundbedürfnisse und biologische Komposition vermutlich nicht.

Etwas traurig ist, dass all die anderen positiven Eigenschaften der Gen Zler von dem dominierenden digitalen Klischee überschattet werden. So haben sie die höchsten Level an Egalitarismus, Toleranz und Bildung. Alte Gendermuster sind durchbrochen, Rassismus ist weitestgehend nicht zu finden – doch, wie es immer wieder heißt, sind sie leider viel zu digitalisiert. Das eigentliche Motto der Zler aber lautet Diversität, nicht Digitalität. Sie sind im mobilsten Zeitalter jemals aufgewachsen, von Geburt an mit einer immer größeren Mischung von Menschen konfrontiert. So pathetisch es auch klingen mag, sie sehen wirklich keine Farbe mehr, sondern nur Individuen.

Anders als die verträumten und idealistischen Yler suchen die Zoomer allerdings wieder nach einer klareren Trennung zwischen Arbeit und Freizeit. Der Versuch der Vorgeneration ist gescheitert, die wirtschaftliche Lage nicht mehr gut genug, um sich den Luxus namens Postmaterialismus zu leisten. Ihre Elterngeneration ist die vergessene, unbeeindrucktere Generation X, die ihnen wohl einen Hauch Pessimismus mitgegeben hat. Nicht ganz zu Unrecht, denn wirtschaftlich sieht es für sie wirklich schlecht aus. Der gesellschaftliche Vertrag, dass es der nächsten Generation immer besser gehen solle, steht für sie völlig außer Frage – zumindest im Materiellen. Wo die Millennials noch auf weichere Faktoren umschwenkten, um ein Gefühl des Fortschritts zu erreichen, sehen unsere Zoomer der Realität endgültig ins Auge. Das globale Wirtschaftswachstum ist zu sehr abgeflacht und die Generation zu jung und klein. Es war Normalzustand, dass alle zehn Jahre die Wirtschaft einmal den Bach runterging; 9/11, Finanzkrise, dann Corona. Die Karten stehen wahrlich nicht gut für sie, der Ausblick scheint wahnsinnig düster. Eine weitere memetische Bezeichnung ihrer Generation ist deswegen die des sogenannten Doomers: Das Stilbild des hyperaktiven, digitalen Zoomers wandelt sich zum fatalistischen, pessimistischen Jugendlichen, der akzeptiert hat, dass die Welt fucked ist. Es gibt sogar ein ganzes Musikgenre dazu, im Gen-Z-Hauptmedium YouTube zu finden. Aber anstatt den Doomsday einfach auf sich zukommen zu lassen, gehen sie zum Glück in den Rebellionsmodus, von Fridays for Future bis Black Lives Matter. Wenn die Generation Z also einen SOS-Ruf von sich gibt, bedeutet das nicht, dass sie gerettet werden muss. Es bedeutet »same old shit« – nichts hat sich geändert, das lassen wir uns so nicht gefallen.

Der Grund für die anfängliche Verdrossenheit gegenüber der Welt war der wilde, konstante Wandel, die schwierige berufliche Perspektive, in der sie sich wiederfinden, sowie ein tiefes Gefühl der Machtlosigkeit. Als die gebildetste, informierteste und verbundenste Generation jemals mussten sie zusehen, wie Vollidioten die globale Politik übernahmen. Ob es wirklich Menschen mit Ego-Beeinträchtigung wie Trump oder bloß Hardcore-Opportunisten wie Boris Johnson waren, es war nicht auszuhalten. Da kann man eine Tendenz zur Apathie schon nachvollziehen. In die Zeit der Post-Wahrheit geboren, teilen die Menschen Fake News und fallen auf populistischen Quatsch rein – auch da darf man schon leicht pessimistisch werden.

Völlig entkoppelt von der Hegemonie und schockiert von ihrer Idiotie, ist es vielleicht verständlich, dass die Gen Zler sich anfangs in die virtuelle Realität flüchteten. Sie verpassten eigentlich die ganzen Vorteile der Individualisierung, des Aufschwungs der Globalisierung – bis auf die Überlieferungen ihrer Eltern. Sie wurden in einer Zeit erwachsen, als all diese graduell zu zerfallen begannen, die hart errungenen Vorteile des zwanzigsten Jahrhunderts säuerten. Sogar die objektive Wahrheit hatten die anderen Generationen scheinbar zerstört.

Obwohl die Angehörigen der Generation Z noch sehr jung sind, können sie durch ihren Zugang zu Information im Netz ganz klar sehen, was für Deppen und Deppinnen an der Macht sind und wie viel Stuss im Netz kursiert. Die Gen Z fällt aufgrund ihrer digitalen Erziehung viel weniger auf Fake News und anderen digitalen Bullshit rein. Daraus resultierte anfangs eine Menge Verdrossenheit, die sich zum Glück mit der Zeit in Protest-Kapital verwandelte und in der Fridays-for-Future-Bewegung endete. Gut so.

Die schüchternen, aufmerksamkeitsgestörten, überdigitalen Kids sind also die erste Generation seit den Boomern, die so richtig rebellieren. Es muss etwas geschehen, und wir sollten alle dankbar sein, dass sie den Mut hatten und haben. Die Situation ist sogar so prekär, dass die Introvertierten auf die Straßen gehen – das sollte uns schon genug über das Gemüt der Gen Z verraten.

Wenn wir den Millennial-Humor als fatalistisch einordnen, findet die Gen Z eigentlich nur mehr den Weltuntergang lustig. Und »OK Boomer«. Zynismus gegenüber der Welt, die sie nicht richtig in Gang kommen lässt, gepaart mit dem Sündenbock derjenigen, die vermeintlich schuld sind. Trotzdem leider extrem lustig, smart sind sie alle Tage.

In Fragen des Jobs gibt es trotz der Rückbesinnung auf die Arbeitsmoral ein paar Problemchen. Es gibt unzählige Studien zu der Frage, wie man diese digitalen, hyperaktiven Kids erfolgreich in seine Firma integriert. Man braucht ja ihre technologische Finesse – irgendwer muss schließlich den Instagram-Account betreuen, oder? Das wirkliche Missverständnis ist aber ein anderes. Gen Zler stellen nämlich eigentlich wie die Generation Y ein zentrales Mantra der kapitalistischen Leistungsgesellschaft infrage. Anwesenheit ist nicht gleich Produktivität. Wir arbeiten nicht mehr in Fabriken; die Chefs und Chefinnen, vor allem das mittlere Management, denken aber oft noch so. Man müsse ins Büro kommen, dort acht Stunden absitzen, sonst könne man ja endlos zu Hause faulenzen. Damit wollen sich die Generationen Y und Z nicht länger zufriedengeben. Wo die Millennials noch leicht hippieesk den Sinn der Arbeit infrage stellten, sagt die jüngste Jugend jetzt: Stoppt den Bullshit. In einer Zeit der digitalen Arbeit müssen wir nicht mehr Gefangene des Büros sein. Es ist die Suche nach einem neuen Vertrauen zwischen Arbeitgeber:innen und -nehmer:innen, die – zumindest bis Corona – enttäuscht wurde. Die Hegemonie hatte hier natürlich mehr Macht und sagte de facto: »Folgt unseren Spielregeln, oder es gibt ganz einfach keinen Job.« Auch das zahlte direkt auf das Verdrossenheitskonto ein, das schon am Rande des Platzens war. Insofern gibt es leider auch Tendenzen des Kapitulierens, die sich langsam abzeichnen – »Dann nehm ich halt den fucking Job – *no questions asked*« –, um irgendwie über die Runden zu kommen.

Als in der Coronakrise auf einmal die nahezu göttlich erzwungene Einsicht eintrat, dass man doch auch im Homeoffice produktiv sein könne, konnte sich die Digitalgeneration Z nur die Hände vors Gesicht schlagen. *No shit.* Gerade in dieser Frage war die Generation Y auch an Bord, hatte dieselben Ziele, wenngleich aus anderen Motiven. Die Jüngsten wollten produktiver arbeiten, die Millennials eher ihr Leben und die Arbeit besser ausbalancieren. Im Endeffekt führte auch hier die Coronakrise zu einer Beschleunigung ins einundzwanzigste Jahrhundert und zu einer Verifizierung der »digitalen« Generationen. Durch die Seuche wurde dieser Vertrauensvorschuss erzwungen, da wir ja keine andere Wahl hatten, als von zu Hause aus zu arbeiten. Ermöglicht wurde dieser längst überfällige Wandel nicht allein durch Covid-19, sondern auch durch die normative Kraft des Faktischen. Wenn man seinen Mitarbeitern Vertrauen schenkt, schafft dieses im Gegenzug mehr glücklichere, produktivere Menschen.

We told you so.

Ein Krieg beginnt

Wenn man den Generationenkonflikt ein bisschen studiert, stellt man sich schnell die Frage, ob es überhaupt möglich ist, in relativer Harmonie miteinander zu leben. Eigentlich müssten sich alle Involvierten doch regelmäßig auf die Mützen hauen, bei der Menge an Differenzen und den Machtgefällen. Die ersten Begegnungen mit diesen Konflikten haben wir in unseren Familien, und dort sind sie sehr nahbar und intim. Es fängt eben im Kleinen an, zwischen Eltern, Kindern, Großeltern und Enkeln, meistens in der frühen Jugend und mit der Entdeckung von Autorität und Unabhängigkeit – und dem eigenen Defizit davon. Diese Differenzen wirken gar nicht so schlimm, denn sie tauchen ja zwischen Menschen auf, die sich eigentlich ganz gernhaben. Zumindest, bis die Pubertät beginnt.

Oft gibt es im Familiengefüge einen »Generationssprung«: So sind die Eltern der Gen Y meistens Boomer, die der Gen Z Xler. Da wir unsere Kinder gewöhnlich nicht mehr zwischen achtzehn und einundzwanzig bekommen, gebärt eine Generation sozusagen die übernächste. Aber auch hier sind die Übergänge fluide.

Der Beginn des häuslichen Krieges startet in den meisten Familien mit dem Stimmbruch oder der Menstruation. Wenn der hormonelle Wandel von Jugendlichen beginnt, wird es brenzlig, das wissen viele Familien. Das erste Schlachtfeld ist meistens die Küche, wenn der verpickelte Sohn oder die eingeschnappte Tochter zum Abendessen beordert wird. Das süße kleine Kind von früher wird auf einmal abweisend, will Autonomie und hat vor allem gar keinen Bock mehr auf die Autorität der Eltern. Hier beginnt der Generationenkonflikt für jeden greifbar und spürbar – und das ist gut so.

Oft wollen wir uns in dieser Phase von den Eltern abgrenzen. Sie sind spießig, altbacken und grundsätzlich total *lame*. Warum darf ich nicht essen, was ich will, wann ich will, und vor allem im Bett? Muss ich wirklich warten, bis ich ausziehen darf, um solche belanglosen Freiheiten zu genießen? Ich kriege schon einen Bart, mein Körpergeruch artet aus, und meine Stimme ist so kratzig, als würde ich Kette rauchen, aber ich soll brav um zehn schlafen gehen? Solche Gedanken prägen jeden pubertierenden Jugendlichen zu irgendeinem Zeitpunkt. »Ich will NIE werden wie meine Eltern«, ist wohl der meistgedachte Satz – durch alle Generationen hindurch. Kleiner Spoiler: Irgendwie werden wir ihnen dann doch immer sehr ähnlich – wenn auch erst später im Leben. Vielleicht ist diese jugendliche Wut so stark, weil wir viele Ähnlichkeiten bereits erkennen und nicht vermeiden können.

Wie dem auch sei, in der Pubertät folgt regelmäßig eine Phase der Rebellion, der Abkehr. Der Versuch, diametral anders zu sein als die Eltern. Sind Vater und Mutter penible Neurotiker, wähle ich das Chaos. Fuck aufräumen, das eigene Zimmer sieht dann aus wie nach einer Explosion. Aber wenn Papa und Mama selbst chaotische Hippies sind, kann man sie am besten mit Schlipstragen bekämpfen. Vielleicht noch Betriebswirtschaft studieren, um ihnen so richtig eins auszuwischen. Man könnte auch Versicherungsvertreter werden, aber man muss ja nicht komplett übertreiben.

Auf den Punkt gebracht: In der pubertären Rebellion geht es primär darum, sich durch den Unterschied gegenüber den Eltern zu definieren. Wenn man diese Phase nicht zu einem gewissen Grad ausgelebt hat, sollte man sich Sorgen machen, denn sie ist wichtig. Für die gesellschaftliche Evolution und die persönliche Entwicklung ist es fast schon unabdinglich, sich zumindest ein bisschen gegen das Elternhaus zu wehren und die eigene, noch kleine Welt zu hinterfragen. Wie das Ganze ausgeht, hängt damit zusammen, wie sehr sich die Autoritäten – also in diesem Kontext die Eltern – verhalten. Wird die Rebellionsphase mit aller Staatsgewalt im Keim erstickt, gibt's Probleme. Die Unterdrückung dieses natürlichen Prozesses hat massive Verbitterung zur Folge – oder sie geht mit Brainwashing einher, wie es jede und jeder gute Diktator:in weiß. Vor allem führt die Unterdrückung zu einer völligen Verweigerung in späteren Lebensphasen. Dieser Konflikt muss ausgetragen werden. Wenn dies nicht gewährt wird, wiederholen sich Muster immer wieder aufs Neue. Dann definiert sich eine Generation durch die komplette Differenzierung von der vorherigen, und die nächste wird allerdings wieder genauso. Somit werden Traumata oder Tendenzen nicht ausmontiert, sondern einfach nur versetzt repliziert und führen zu Regression und Aversion. Von Suchtverhalten über Gewalt bis hin zur chronischen Depression: Was nicht bearbeitet und verarbeitet wird, pflanzt sich endlos fort. Somit sind auch hier Konfliktaustragung, Lösung und in Konsequenz eine Synthese der produktivste Weg vorwärts.

Im Übrigen kann eine Rebellion auch für die Eltern fruchtbar sein, wenn sie es zulassen. Mit Verlaub, wenn ihr Kind fünfzehn ist, sind die eigenen Lebensmuster und Verhaltensformen im Alltag doch zumindest ein bisschen festgefahren. Warum nicht die Rebellion der Kleinen nutzen, um ein bisschen über sich selbst zu reflektieren? Rebellion muss keine Einbahnstraße sein.

Loslassen ist nicht einfach, so viel habe ich mir sagen lassen. Wenn die Rebellion allerdings als ein Akt des Fortschritts verstanden wird, tut es vielleicht nicht so weh. Wenn man darüber hinaus noch weiß, dass man sich durch das Zulassen des Konflikts auch wieder, anders neu und besser in der Zukunft findet, wandelt sich dieses Wissen von Schmerzlinderung zu Gestaltungsraum. Es ist quasi ein angeborener Mechanismus, mit dem man sich als Familie, als Generationslinie und somit als Gesellschaft weiterentwickelt. *»It's not a bug, it's a feature«*, wie man so schön sagt.

So wie sich im Körper während der Pubertät durch allerlei Hormone ordentlich was tut, passiert auch im Hirn so einiges. Alles wächst, expandiert und explodiert. Wenn dann endlich der präfrontale Cortex zwischen dreiundzwanzig und fünfundzwanzig fertig ist, kommen wir in die Phase der Rekombination. Wir können endlich klar sehen und denken. Dann ist die Rebellion auch durch, und wir sind in der Lage zu erkennen, was vom Leben der Eltern Sinn macht und was wirklich einer Veränderung bedarf. An diesem Punkt entsteht aus dem Abstand, der Ablehnung gegen das Elternhaus die sinnvolle Synthese aus Altem und Neuem.

Wenn Ihr junges Ich Sie mit fünfunddreißig treffen würde, wäre es schockiert – so ehrlich muss man sein. Doch ein paar kleine Kurskorrekturen machen schon einiges her. Es ist eben eine Kombination aus Altem und ein bisschen Neuem. Diese Ambivalenz zu verstehen und zu akzeptieren, ist der eigentliche

Trick bei dem Krieg in den eigenen vier Wänden. So geht familiärer, aber auch gesellschaftlicher Fortschritt.

Der Habitus ist selbsterhaltend, so ungefähr drückte es der geniale Soziologe Pierre Bourdieu aus. Soll heißen, in der Sozialevolution versucht die Verhaltensform, die Muster unserer Eltern zu vermehren – durch die Kinder. In der Pubertät gibt es die Gegenwehr, und später gewinnt der Habitus dennoch – wenn auch mit leichter Adaption.

Der Habitus durchdringt den Menschen jeden Moment seines Daseins und engt seinen Handlungsspielraum ein, gewährt ihm aber Möglichkeiten der Gestaltung innerhalb dieses Rahmens. Es ist zwar nicht immer vorausgesagt, aber meistens sehr wahrscheinlich, dass wir doch ähnlich wie das von unserer Familie geprägte Umfeld werden. Den Handlungsspielraum reizen wir in unserer Rebellionsphase aus und kombinieren den Habitus zu Neuem, auch wenn wir uns nie ganz von ihm loslösen können. So ist der Wandel eben langsam, schleichend, aber konstant. Es kann jedoch auch einschneidende, schnelle, reaktive Wandel geben. Die vermeintlich so bösen Boomer mussten sehr hart gegen das Gedankengut des Hypernationalismus oder sogar Nationalsozialismus ankämpfen, und es gelang ihnen auch. Wenn es wirklich gefährlich wird, kann der Wandel also auch sprungartig geschehen – alles eine Frage der Rebellionsqualität.

Ähnlich wie in der biologischen Evolution passen wir als Gesellschaft uns also an. So wie sich Spezies wandeln, wenn das Ökosystem sich verändert, wandeln auch Gesellschaften sich erst wirklich, wenn eine Änderung oder Bedrohung ins System kommt. Es passiert nichts von einem Tag auf den anderen, sondern es ist ein schmerzhafter, langwieriger Prozess. Zynisch gesagt wären wir nicht mehr hier, geschweige denn das dominanteste Tier auf dem Planeten, wenn wir es nicht könnten. Aber 300.000 Jahre können sich schon sehen lassen. Ein Vorteil gegenüber den Tieren: Wir müssen nicht sterben, um uns zu wandeln, sondern der Rebellion ihren Lauf gewähren, um zu wachsen. Gesellschaftliche Evolution als Turbo. Wenn Ihr Kind also auf einmal keine Lust mehr auf Sie hat – nicht persönlich nehmen. Vielleicht sogar ein bisschen davon lernen. Der Fortschritt beginnt wie gesagt zu Hause, man muss ihn nur zulassen. Zuhören, akzeptieren, verstehen. So unterschiedlich sind wir uns meistens sowieso nicht, ein Fakt, den wir oft durch die unumgängliche und antagonistische Rebellion der Pubertät verpassen. Wir sind uns sogar ähnlicher als je zuvor. Es ist wirklich sehr viel schwieriger, seine Eltern zu hassen. Wie ein schlechtes Vorbild meiner Jugend, namentlich der Rapper Sido, in seinem Song »Schlechtes Vorbild« so schön sagte: »Seid mal ehrlich. Ihr wart doch auch mal jung und habt gekifft, oder woher kommen die Raucherlungen?«

Political Correctness

Jede Kohorte hält sich immer für schlauer als die vorherige und weiser als die nächste.

Ein Begriff, an dem sich der Generationenkonflikt abgearbeitet hat, ist die böse, angeblich sogar zensierende Political Correctness. Im Diskurs zwischen konservativ und liberal ist sie nun das Schlagwort Nummer eins. Konservative fühlen sich von dem Sprachkorsett eingeengt, bedroht ist angeblich vor allem die Redefreiheit – und dann ist es zum Faschismus nicht mehr weit hin. Liberale sehen den Diskurs um politische Korrektheit aus der antagonistischen Perspektive. Sprache beeinflusst Verhalten, und unsere intolerante Vergangenheit lässt sich in dieser noch oft finden und verewigt dadurch Vorurteile aus düsteren Zeiten. Dahinter versteckt sich in der Realität viel weniger ein Diskurs über Sprache, sondern mal wieder ein Generationenkonflikt. Um diesen zu verstehen, sollte man sich die Entstehung des komplett überladenen Begriffs der Political Correctness einmal zu Gemüte führen, bevor man alles und jeden als zu politisch korrekt bezeichnet und somit jeglichen Diskurs über den Wandel der Werte im Keim erstickt.

Stell dir vor, du siehst einen Film aus den Siebzigern oder Achtzigern. Deine Eltern oder Großeltern lachen sich den Ast ab, während du dich ein wenig darüber schämst, was sie da gerade abfeiern. Sie gehören vielleicht der Generation der Hippies an, kämpften damals für mehr Gleichheit, Liebe und Harmonie. Aber die Darstellungen dieses Kampfes wirken so antiquiert – und aus der jetzigen Perspektive auch ziemlich rassistisch und sexistisch. Ein kleiner Witz über Frauen hier, ein bisschen Spott über Homosexuelle da, aber ist doch okay, denn Mama und Papa sind eigentlich »voll tolerant«, und man wird ja wohl noch Scherze machen dürfen … Plötzlich scheinen sich die egalitären und progressiven Ideale von damals nicht mit der Wirklichkeit zu decken. Du dachtest, wir hätten Geschlechterstereotypen hinter uns gelassen und die LGBTQ-Bewegung ohne abfällige Witze in die Gesellschaft integriert. Doch mit einem Mal scheint das Klischee der älteren Generation als einer Ansammlung von bürgerlichen, intoleranten Elitärsten wieder real.

Das Problem hier ist ein Mangel an historischer Empathie. Wogegen die Boomer kämpften, war ein wahrhaftig unterdrückerisches Mindset der Homogenität aus den dunkelsten Zeiten unserer Vergangenheit. Die Weltkriege, der Holocaust, sogar der Kalte Krieg fußten alle auf einem nationalkollektivistischen Gedankengut, gegen das diese Generation eigentlich kämpfte. Die Welt der Individualität, die sie erschufen, ermöglichte den Aufstieg der Individualisierung, die wiederum die wunderbare Diversität ermöglichte, nach der wir heute streben – mit gelegentlichen Rückschlägen. Unsere Eltern und Großeltern mussten also wirklich noch gegen eine wahrlich gefährliche Form des Kollektivismus rebellieren. Ich weiß, es mag schwer zu ertragen sein, aber wenn sie dich einen zu »politisch Korrekten« nennen, dann hab ein wenig Mitleid. Lass dich nicht beirren von der Ablenkung durch Humor, Sprache oder dumpfe Witze. In den Kernwerten stimmst du letztlich mit ihnen überein. Egalität, Glück, Gemeinsamkeit und Verschiedenheit, leben und leben lassen, da kann man doch irgendwie schwer dagegen sein. Es als spaltende Ideologie zu verwenden, dass Komplexität und Produktivität, Individualisierung und Diversität in die Gesellschaft gebracht werden, ist lächerlich, im besten Falle opportunistisch. Nicht zu vergessen, dass extrem homogene Gesellschaften wahnsinnig krisenanfällig sind. Wie aus der Biologie bekannt, werden Monokulturen sehr schnell von nur einem Schädling zerstört. Das Argument hinter einer heterogenen Gesellschaft ist nicht ein idealistisches oder blauäugiges, sondern ein rein pragmatisches. Individualisierte krisenfeste Gesellschaften sind dadurch vor allem eines: resilient. Aber dazu später mehr.

Politische Korrektheit ist ein Buzzword bei Debatten zwischen Liberalen und Konservativen. Die ursprüngliche Bedeutung ist dabei weitgehend verloren gegangen. Im Kern geht es darum, den Wandel der Gesellschaft in Sprache und somit Kultur zu verankern – nicht mehr und nicht weniger. Stattdessen wurde so etwas wie eine Hundepfeife für sturzrechte Aktivisten:innen daraus, die den »Feind« als hyperlinken, verblendeten Gutmenschen einer regressiven, blauäugigen Inklusionsbewegung deklarieren. In einem größeren, weniger politischen Kontext handelt es sich eher um eine Debatte zwischen den Generationen, wie soziale Normen sich entwickelt haben – die nun von Ultra-Konservativen für ihre eigenen politischen Zwecke entführt wurden. Es ist eine Evolution des Zeitgeistes, die, verkleidet als eine Debatte um die Redefreiheit und eingehüllt in einen politischen Konflikt, kaum noch zu erkennen ist. Das sind einige Schichten, die man erst einmal entwirren muss. Die schlichte Meinung, dass irgendetwas oder -jemand politisch korrekt sei, reicht schon, um eine vernünftige und informierte Diskussion zu beenden.

Es gibt erstaunliche Parallelen zwischen »OK Boomer« und dem Vorwurf, jemandes Sichtweise sei zu politisch korrekt. Beides ist eher ein rhetorisches Mittel zur Diskussionsvermeidung als sonst was. Um den heutigen verdrehten Gebrauch des Begriffs zu verstehen, kann es hilfreich sein, sich anzusehen, woher er stammt und wie er sich schlussendlich zum gesellschaftlichen Meme entwickelt hat.

Political Correctness lässt sich bis ins Jahr 1793 beim obersten amerikanischen Gerichtshof zurückverfolgen. Gestritten wurde darüber, ob der Mensch »das edelste Werk Gottes sei« und was das für Trinksprüche bedeute. Für unseren modernen Kontext ist das vielleicht ein bisschen zu Old School. Im zwanzigsten Jahrhundert taucht der Begriff »politisch korrekt« im marxistisch-leninistischen Wortschatz nach der Russischen Revolution von 1917 auf. In dieser Zeit beschrieb er Übereinstimmungen mit der Politik und den Prinzipien der Kommunistischen Partei der Sowjetunion. Während der Siebziger- und Achtzigerjahre wurde er nach und nach von liberalen Politikern benutzt, um damit den Extremismus Linksradikaler zu verdeutlichen. Es ging vor allem darum, dass Rhetorik den Inhalt erschlage – *sounds familiar*? In den Neunzigern wurde der Begriff von Konservativen gebraucht, um das zu bezeichnen und zu kritisieren, was sie als eine linksliberale Agenda empfanden, vor allem als Curriculum auf Universitäts- und College-Campussen in den USA.

Der Begriff wurde sozusagen durch eine Politische-Lager-Waschmaschine gezogen und damit bis zur Unkenntlichkeit dekonstruiert. In den späten Neunzigern war die Nutzung schon wieder im Abklingen, und die Political Correctness wurde eher von Komödianten:innen und Kabarettisten:innen genutzt, um sich über politische Sprache zu amüsieren. Zeitweise wurde sie auch wieder von den Linken verwendet, um konservative Politik anzugreifen. Jetzt, in den 2000ern, ist der Begriff unbemerkt zu einem Generationsthema geworden, er wanderte also von der Politik ins Gesellschaftliche. Die Jugend und ihre neue Diversität sind so manchen Menschen anscheinend *zu* politisch korrekt – ein instinktiver Versuch, den Wandel von Normen zu verhindern. Bevor man denkt: »Ich bin doch eh total tolerant, nervt mich nicht mit dieser Übersensibilität«, lohnt es sich, mal eine betroffene Person zu fragen, auf deren Rücken die Diskussionen um politische Korrektheit ausgetragen werden. Allein schon Worte wie »Rasse« oder auch »Farbige« sind relativ bis hochproblematisch, auch wenn sie mancherorts am Küchentisch dahergesagt werden. Manchmal etwas schockierend, dass man das in Zentraleuropa betonen muss – Geschichte und so.

Diejenigen, die am meisten gegen die Political Correctness polemisieren, sehen sie als Beschneidung der Redefreiheit, die Limitierungen dessen mit sich bringt, was wir in der Öffentlichkeit sagen dürfen. Sie behaupten, dass solche Grenzen unweigerlich zu Selbstzensur und Verhaltensbeschränkungen führen. Sie glauben weiterhin daran, dass politische Korrektheit Beleidigungen deklariert, wo gar keine existieren. Die Gegenseite ist überzeugt, dass die Political-Correctness-Formel dazu diene, durch die Verringerung von Hass-Sprache und diskriminierenden Sprachpraktiken Spaltung in der Gesellschaft zu verringern. Am Ende scheint sich die Debatte um den Gebrauch von Sprache zu drehen. Um Benennungen und deren Akzeptanz.

Am greifbarsten ist im deutschsprachigen Raum derzeit vermutlich das Thema des Genderns. Wer noch immer nur »Arzt« und »Pflegerin« sagt, ist politisch inkorrekt und kommt zugleich ein bisschen doof rüber. Die Diskussion spielt sich zwar im Spektrum des Geschlechts und dessen archaischen Zuweisungen ab, aber grundsätzlich geht es darum, die Liberalität der Moderne auch in Sprache und Verhalten auszudrücken.

Wie auch immer: Der Streit um politische Korrektheit kreist um militante Minderheiten, die sich nicht um die Verbesserung der Welt kümmern, sondern eine Art Selbsthass-Trotz-Krieg veranstalten. Der große Erfolg für die Neuen Rechten, auch bekannt als Alt-Right, bestand darin, dass sie die Bewegung für politische Korrektheit als reine Zensurbewegung codierten und nicht als einen Versuch, eine gerechtere und egalitäre Welt zu schaffen.

Diejenigen, die für Political Correctness argumentieren, die innerhalb der Bewegung sind (wenn es eine solche kohäsive Bewegung überhaupt gibt), haben einen weit semantischeren Zugang. Linguistisch gesehen ist die Praxis dessen, was sich »p.c.« nennt, in einem Bestreben verwurzelt, Ausschließungen zu vermeiden, die auf bestimmten Sprachnutzungen basieren. Nach der Hypothese des linguistischen Relativismus ist unsere Wahrnehmung nämlich durch unseren Denkprozess geprägt. Der wird wiederum von unserer Sprachnutzung geformt. In diesem Sinne formt die Sprache unsere Realität und leitet uns dazu an, auf die eine oder andere Weise auf Realität zu reagieren.

Sprache enthüllt und transportiert auch unsere Biases, unsere Wahrnehmungsverzerrungen. Nach dieser Hypothese erzeugt rassistische Sprache Rassismus und sexistische Sprache Sexismus. Während das durchaus wahr sein kann, nutzt es den Topos der Sprache als Ersatz für eine andere Debatte. Soziale Bewegungen zugunsten mehr integrativer und funktionaler Diversität vergaßen dabei eine alte Trennlinie, nämlich die der Generationen. Auf dem Weg in eine gerechtere Welt vernachlässigten sie eine der zentralen Trennungen der Gesellschaft: das Alter.

Generationen sehen die Welt, die sie schaffen, meist als ihren rechtmäßigen Besitz und fühlen sich deswegen durch Political Correctness angegriffen. Diese degradiert nämlich die Pop-Kultur-Memes und -Figuren ihrer Zeit. Während sie über ihre Witze lachen, krümmen sich die Jüngeren. Somit wird dann eher der Botschafter erschossen, als dass ein Wertewandel geschieht. Was wir allerdings vergessen, ist, dass in fünfundzwanzig Jahren wahrscheinlich *unsere* Kinder sich krümmen werden – darüber, was wir lustig oder akzeptabel fanden. Vielleicht werden sie denken, wie peinlich es war, Quoten in der Arbeitswelt zu haben. »*What the fuck!* Eure Welt war so schlecht, dass ihr die Leute *zwingen* musstet, zusammenzuarbeiten, wenn sie aus unterschiedlichen Hintergründen kamen?« Oder dass wir uns um Frauen in Führungspositionen kümmern mussten, obwohl die durchaus auch besser waren als die Männer. Oder dass Rassismus immer noch ein Ding des einundzwanzigsten Jahrhunderts war. Ich könnte noch endlos weitermachen. Der Wandel mag schleichend sein, er mag sich in Kreisen drehen, aber er kommt bestimmt. Helfen wir doch zumindest ein bisschen nach, auch wenn es uns vielleicht nervt. Hier nochmals der Hinweis, dass das Argument für diverse Gesellschaftsgruppen die Krisenfestigkeit und inhärente Produktivität ist, nicht irgendwelche kosmopolitischen selbstlobenden Ideale.

Der Wandel in sozialen Normen wie Inklusion und Diversität ist nicht mehr das, wofür die politische Korrektheit steht. Dies ging tragisch verloren, es gibt keinen realen Konflikt mehr, der zu einer Lösung führen könnte, nur tragische Deutungskriege. Es geht um Spaltung, basierend auf einer überzogenen Karikatur der eigentlichen Themen. Momentan wird Political Correctness eher als ein Schimpfwort verwendet, und das ließ sich leicht erreichen. Denn die Hardcore-Aktivisten:innen, die keinesfalls die Mehrheit bilden, konnten sehr einfach als Mehrheit dargestellt werden, obgleich sie nur eine kleine laute Minderheit der Gesamtbewegung sind. Jeder Wert, der zu weit geht, kann dich wie einen Idioten aussehen lassen. Die extreme Form der Political-Correctness-Kultur erscheint momentan als die sogenannte Cancel Culture. Das war leichte Beute für die Feinde der sozialen Heterogenität – sich als Opfer eines unterdrückerischen Minderheitenregimes aufzuspielen, das die Welt überschwemmt. Cancel Culture heißt nicht nur, sich zu krümmen oder sich lustig zu machen über die vorangegangenen Generationen, sondern sie aus der Geschichte zu tilgen. Das ist gefährlich. Es wäre viel produktiver und verbindender, die jetzt seltsam gewordenen Werte der Vergangenheit in ihrem heutigen Kontext zu verdeutlichen, anstatt sie löschen zu wollen. Als die Statuen von Rassisten und Sklaventreibern von damals während und nach den Black-Lives-Matter-Protesten niedergerissen wurden, verhärteten sich die Fronten. Wir verpassten die Möglichkeit, unsere Geschichte *gemeinsam* zu betrachten, und nutzten Political Correctness als Begründung. Cancel Culture ist eine Art generativer Wertezerstörung, die im Kern ein nobles Motiv tragen mag, aber den gegenteiligen Effekt erzeugt. Die Resultate rechtfertigen nicht die Mittel, egal, wie gut gemeint. Der intrinsische Wert dessen, was wir jetzt leider Political Correctness nennen, ist Fortschritt.

Die Außen-rechts-Bewegung, eine kleine Minderheit der Bevölkerung, hat es also geschafft, die Bedeutung der Political-Correctness-Bewegung in Richtung eines Fanatismus zu verändern. Eine wirkliche Schande. Dank eines Mangels an guter Kommunikation konnte sich dieses Konzept wie ein Waldbrand ausbreiten. Natürlich haben auch die Vertreter des Konzepts Fehler gemacht, aber sie waren eher zu idealistisch als politisch zynisch. Jede Bewegung in Richtung einer höheren politischen Inklusion wird als »extremistische politische Korrektheit« verleumdet, anstatt ernsthaft debattiert zu werden. Es ist Zeit, den historischen Kontext von Werten zu verstehen und damit aufzuhören, die Symbole vergangener Generationen in Stücke zu reißen. Denn darum geht es eigentlich: Megarechts will die Errungenschaften früherer Generationsaufbrüche zerstören. Zurück in die Zeit der Weltkriege, wo die Welt noch in Gut und Böse zu teilen war. Die Elterngenerationen brachten den Individualismus in die Gesellschaft, die daraus steigende Komplexität ist manchmal schwer zu bewerkstelligen, keine Frage. Der

Versuch, diese mit platten »P.C.«-Anschuldigungen zu unterbinden, wird nicht gelingen. Die nächsten Fackelträger:innen der Gleichheit werden Individualisierung in eine neue Vision des Egalitarismus verwandeln. Hüpfen wir bitte nicht auf eine Seite dieses polarisierten Zaunes. Cancel Culture ist Bullshit, genauso wie das »P.C.«-Meme, das nun in unserer Gesellschaft existiert.

Der politische Diskurs versucht von dem eigentlichen Wandel abzulenken. Wenn wir nicht den Schimmer des Generationenkonflikts darin gesehen hätten, wären sie vielleicht sogar damit durchgekommen. Was den jüngeren Generationen fehlt – die historische Empathie –, fordern die älteren Generationen in Verständnis. Diese Lücke kann nur von beiden Seiten überbrückt, aber doch bitte nicht für irgendwelche politischen Ziele gekapert werden. Klar ist es cool, ein bisschen politisch inkorrekt zu sein – ist ja eine Form der Rebellion gegen die gängige Meinung. Aber wie so oft sollte man sie als Chance einer Katharsis verstehen und nicht als totale Negation des Fortschritts. Kiffen ist auch nur cool, weil es »verboten« ist. *Get over it*, es geht um viel mehr als um ein Rollenspiel gegen die »Sprachpolizei«.

Von Nazis und Borkenkäfern

Durch die politisch getränkte Diskussion rund um die politische Korrektheit, die langsam weder politisch noch korrekt ist, ist leider etwas ganz Wichtiges verloren gegangen. Das Thema der Diversität wird nur in zwei Lagern ausdiskutiert, ohne überhaupt zu fragen, wieso eigentlich der ganze Spaß. Was bringt uns Heterogenität innerhalb einer Gesellschaft? Die eine Seite, die man vermutlich als konservativ bezeichnen würde, will den Status quo der homogenen Mehrheitsgesellschaft erhalten – Leitkultur und so. Die andere Seite – eher liberal genannt – will mehr Pluralität, obgleich wir zum Glück in einer schon relativ durchmischten Gesellschaft leben.

So wie es sich anfühlt, wird Diversität von der liberalen Seite als Hypertoleranz für das Selbstimage dargestellt und von der konservativen Seite als etwas, das wir zwar gerne hätten, das aber in der Realität unmöglich sei. Ist man ein »Gutmensch« und naiv, wenn man zu viel davon will? Scheitern Gesellschaften immer an zu hoher interner Komplexität? Oft wird hier von Hobbyhistorikern:innen das gute alte Römische Reich als Beispiel genutzt. Es fiel doch erst, als die bösen Barbaren sich langsam in die Gesellschaft integrierten. Als wäre das Römische Reich ein Häufen reinrassiger Italiener:innen gewesen, die durch die Vermischung mit den Eroberten graduell zerstört wurden ... Das Gegenteil war der Fall. Wie bei so vielen Imperien der Geschichte war es genau die interne Vielfalt, die das Römische Reich so mächtig machte. Von der Seidenstraße bis hin zum demokratischen Projekt Amerika, der Erfolg lag immer in der Heterogenität der Gesellschaften und nicht in der Homogenität. Schauen wir uns also mal das zentrale Argument für Diversität an, bevor wir alles immer auf die Ausländer:innen schieben. Es muss gar nicht so moralisch geladen sein – manchmal darf man auch pragmatisch denken.

Das Grundargument, das für Diversität innerhalb eines Systems spricht, ist ein Buzzword, das in der Unternehmenswelt ziemlich oft verwendet wird, aber keiner so richtig versteht. Es geht um Resilienz – ein komisches Wort. Bedeutet eigentlich, krisenfest zu sein, wird aber meistens mit Agilität verwechselt.

Die Schnellste ist jedoch nicht immer der Schlauste. Wie dem auch sei, alle wollen sie, die gute alte Resilienz.

Am einfachsten lässt sich das Konzept mit einer Parallele in der Biologie verstehen. Ich stelle zuerst kurz unseren Protagonisten vor: Cryphalus Abietis, aka der Borkenkäfer. Er ist ein echter Bastard. Ob Buchdrucker, Kupferstecher oder Gestreifter Nutzholzborkenkäfer, alle stehen sie unwiderstehlich auf Fichten. Hat man eine Monokultur von Fichten, kann dieses kleine Insekt in extremem Tempo einen ganzen Wald zerstören. Klar kann man als Kurzzeitlösung Pheromonfallen legen oder irgendwelche Pestizide versprühen. Es gibt aber eine viel nachhaltigere Lösung. Je diverser der Wald, desto weniger wahrscheinlich ist nämlich ein massiver Befall. Wenn die Sorte von Schädling Laubbäume vielleicht nicht so geil findet, kann ein gutes Durchmischen verschiedener Sorten den Wald vor dem Untergang bewahren. Noch ein paar Büsche und Lichtungen, und schon hat der Käfer Schwierigkeiten. Heterogene Ökosysteme sind resilienter und werden eben nicht von einem Schädling zerlegt – so simpel ist das Prinzip in der Biologie. Im Übrigen auch ein tolles Argument für Artenvielfalt, Thema Erderwärmung und so – dazu später mehr.

Übertragen wir das Ganze doch einmal auf die Gesellschaft, um zu sehen, ob die Logik hält. Könnte ja sein, dass ausschließliche Fichten-Gesellschaften es viel leichter haben.

Diversität innerhalb einer Gesellschaft wird oft als Multikulturalismus bezeichnet. Wurde im Konflikt rund um die Flüchtlingskrise und Political Correctness gern als Schimpfwort genutzt. Multi-Kulti-Weltverbesserer:in, das tut schon richtig weh. Aber schauen wir mal, was in der Abwesenheit dieser naiven Gutmenschen passiert. Hier kommt die gute alte Nazi-Keule – ich kann nur empfehlen, einen Helm aufzusetzen.

Das Konzept des Nationalsozialismus war ein tiefes Bestreben nach einer komplett homogenen Gesellschaft. Ein einheitliches Reich aus Fichten war die Vision. Das Ganze wurzelte in einem noch viel tieferen, verletzten Nationalstolz. Grundsätzlich versprachen Hitler & Freunde, dass alles doch einfacher wäre, wenn die Menschen um uns herum gleichartig wären. Die deutsche Gesellschaft war zu diesem Zeitpunkt relativ homogen, daran war vermutlich der Erste Weltkrieg schuld – denn davor war sie noch relativ fragmentiert und dezentral. In Zeiten der massiven Zerstörung, wie zum Beispiel einem Weltkrieg, verspüren wir einen Wunsch nach Orientierung und Einordenbarkeit, Gleichartigkeit. Das ist wohl leider tief in uns drinnen, aber Fortschritt bedeutet auch manchmal, die niederen Instinkte zu besiegen. Die Ideologie war klar auf Homogenität ausgelegt, um eine verunsicherte, gekränkte Nation vermeintlich wieder zu vereinen. Wenn das Prinzip doch oh so toll war, wären wohl auch die Amerikaner:innen und Engländer:innen direkt darauf angesprungen. Dann hätte man gar nicht auf Eroberungszug gehen müssen, das geistige Virus hätte sich easy von selbst über den ganzen Globus verbreitet. Es fanden durchaus Versuche statt, die toxische Monokultur-Ideologie in diesen Ländern zu verbreiten. Propaganda gab es zu der Zeit ja mehr als genug. Zum Glück scheiterten diese Versuche kläglich. Aus verschiedenen Gründen waren beide Gesellschaften viel zu heterogen, um von dem Schädling Nationalsozialismus überrollt zu werden. Die Amerikaner sind per Definition ein Schmelztiegel verschiedenster Kulturen, die Engländer aufgrund der kolonialen Vergangenheit (und damals noch Gegenwart) ebenso. Die Gesichter dieser Mächte waren immer *old white dudes*, keine Frage. Das Fundament dieser Gesellschaften aber, vor allem die Resilienz und Produktivität, bildeten zu viele Laubbäume und Sträucher, sodass der Borkenkäfer nicht in destruktivem Maße Fuß fassen konnte. Dass die Diversität innerhalb dieser Gesellschaften noch nicht perfekt funktionierte – siehe die Auswirkungen von Sklaverei und Kolonialismus –, steht außer Frage. Anfang bis Mitte des zwanzigsten Jahrhunderts war eine beschissene Zeit, deren Sünden wir heute noch verarbeiten. Aber das kriegen wir schon hin, wir wollen ja resilient und produktiv sein – und beides bietet der gute Umgang mit Diversität. Dieser ist also kein blauäugiges Gutmenschentum, sondern hat ganz rationale Argumente. Wenn wir krisenfest sein wollen, und wer will das nicht, müssen wir die Komplexität der Heterogenität in Kauf nehmen. Freuen wir uns doch, dass die Generation Z diese bereits in der Kindheit gelernt hat. Die Zeichen stehen gut.

Wenn das Thema Weltkriege, Nazis und Borkenkäfer etwas zu weit weg oder her ist, können wir Diversität auch innerhalb einer viel greifbareren Sphäre beobachten. Die Genderdiskussion. Fuck, ich dachte, bis ich ein Buch schreibe, ist das Thema durch. Aber Strukturwandel braucht eben mehr Zeit. Vor allem das neueste Aufflackern des Patriarchats mit Trump, Bolsonaro und Co. hat gezeigt, dass es noch viel zu tun gibt. So wie kulturelle Diversität krisenfest macht, tut es ebenso die Genderdiversität. Vor allem in der Businesswelt geht eine Endlosdiskussion damit einher. Dabei wäre das Ganze so einfach zu lösen, wenn der Diversitätsbegriff auf Produktivität und Resilienz umgedeutet werden würde. Anstatt den Chefs der Welt zu sagen, ihr Arschgeigen lasst einfach keine Frauen drankommen, könnten wir den Begriff umdrehen und ihnen somit etwas Macht wegnehmen. Wir könnten uns zum Beispiel darüber lustig machen, dass die ernsthaft noch nicht kapiert haben, dass Frauen in Führungspositionen kein moralisches Aushängeschild sind, sondern eine gute wirtschaftliche Langzeitplanung. Statt auf Quoten zu brennen, könnten wir uns über diejenigen, die sie noch brauchen, herzlich amüsieren. In meiner Erfahrung ist das ein ziemlich effektives Gegenmittel bei erstarrten Managern und Geschäftsführern – zumindest irritiert es sie immens. Wir könnten aber auch an die Intelligenz appellieren und mit dem Borkenkäfer-Beispiel daherkommen. Vor allem im digitalen, kreativen Arbeitsumfeld gilt übrigens eine Regel besonders: Wenn in einem Team von zehn Leuten alle dieselbe Ansicht und denselben Hintergrund haben, kann man neun davon entlassen.

Kurz zur Verständigung: Männer, Frauen und alle Formen des Genders und Sexualität dazwischen und drum herum sind verschieden und ähnlich zugleich. Je egalitärer eine Gesellschaft wird, desto heterogener werden auch die Geschlechter und Sexualitäten. Alle sind sie auf ihre eigene Art und Weise *nice* und auch gelegentlich anstrengend. Das macht die menschliche Erfahrung so spannend. Somit fällt Genderdiversität genau in das Borkenkäfer-Dilemma. Die Unterschiede machen uns stark, produktiv und krisenfest. Die männerdominierte Welt kriegt sowieso gehörig eins auf die Mütze, wenn die Probleme der Moderne nicht durch Draufhauen weggehen. Also weg mit dem Moralisieren, es gibt gute Gründe, Frauen in Führungspositionen zu bringen, nicht nur weil die Medien sonst gemein zu einem sind. Wenn wir es durch diese Brille betrachten, fällt der Großteil der moralisierenden Diskussion rund um das Thema weg. Wollen Unternehmen, politische Systeme und die Gesellschaft als Ganzes die nächste Krise vermeiden, muss es eine funktionale Diversität geben. Dann müssen die Männer auch nicht mehr von »Feminazis« sprechen, wie die militanten

Feministinnen oft genannt werden. Wir wollen doch resiliente Systeme, gerade nachdem die Krise namens Corona viele davon lahmgelegt hat. Diversität ist kein Selbstzweck, sondern überlebensnotwendig. Sodass sie gut funktioniert, wird fähiges Management benötigt. Um Unterschiede zur produktiven Differenz zu machen. Homogene Teams zeugen von Faulheit und Führungsmangel. Die Diskussion über das Wieso ist also erledigt; wenn wir das Ganze nicht bald gelöst kriegen, passiert dieser Wandel eben demografisch. Die Generation Z findet die Diskussion jetzt schon großteils peinlich und befremdlich und wird eines Tages die Entscheiderrollen innehaben.

Jetzt, im Moment der Neuordnung der Welt, kreieren wir den Blick in den Rückspiegel, den die Generationen von morgen haben werden. Ein Zeitalter des Postindividualismus beginnt langsam. Es balanciert den menschlichen Urinstinkt der sozialen Kohäsion mit der Pluralität und Individualität aus. Gemeinsam verschieden sein. Unterschiede machen uns stark – und vor allem resilient.

Kapitel 3

Generationsthesen – Das Post-Alter-Zeitalter

Unsere moderne Welt ist tief geprägt von einem Komplexitätszuwachs, der uns allmählich überfordert. Zu oft versuchen wir, mit früher gültigen Methoden die Welt des Hier und Jetzt zu erfassen, und werden enttäuscht. Das hat sich vor allem in dem inflationären Gebrauch der Generationsschubladen sichtbar gemacht. »Die Jugend« gibt es nicht, »die Alten« auch nicht. Die Gesellschaft wird zwar immer älter, aber jüngere Lebensstile werden attraktiver. Wir leben länger, aber bleiben »jünger« – somit ist diese Binarität langsam schwer aufrechtzuerhalten.

Schon seit einer ganzen Weile verhält es sich so, dass geistiges und körperliches Alter als getrennt gesehen werden. Klare und fixe Kategorisierungen werden immer unwahrscheinlicher, diese Realität muss man anerkennen. Das gilt ebenso für das Verhältnis zwischen Jung und Alt. Vorbei sind die Zeiten, in denen man in Hierarchien geboren wurde und sich aus ihnen befreien musste. Wenn überhaupt, werden wir heutzutage überindividualisiert erzogen und suchen später im Leben nach Gemeinschaft. »Alte« leben zum Teil jugendlicher als »Junge«. Zuerst müssen wir unser herkömmliches Generationenmodell verstehen, um sehen zu können, dass die Zukunft sicher nicht so linear wird wie bisher. Eine neue Form der Generationengemeinsamkeit wird sich entwickeln, die die neue Komplexität meistert und nutzt. Für eine wahrlich gemeinsame (fucking) Zukunft.

Bis jetzt sind Generationen in Zyklen aufgefasst worden. Sei es eine pendelartige oder zyklische Dynamik, das Alte kehrt immer wieder. So wie die Hippie-Werte bei den Millennials erneut zum Vorschein kamen, so waren es die eher konservativen Arbeitseinstellungen bei der Generation Z, wenn auch aus unterschiedlichen Motiven. Im größeren historischen Kontext gesehen, schwingt das Pendel zwischen Individualisierung und Kollektivismus von einer Seite zur anderen. Die Komplexität einer sehr heterogenen Gesellschaft führt immer wieder in einem Gegentrend zu dem Bedürfnis nach Gleichartigkeit. Ist ja auch anstrengend, wenn alle so unterschiedlich sind. Gleichzeitig entsteht die beste Kunst und Kultur genau dann, wenn es gesellschaftliche Schmelztiegel gibt. So konnte man in der Vergangenheit sehen, dass es aber auch in jedem Zyklus eine Zeitgeist-dominierende Kohorte gibt. Meistens nach einer großen Krise, Pandemie (!) oder nach sonstigen katastrophalen Weltereignissen. Im Laufe der Lebzeit dieser Generation wandelt sich die Rebellion gegen den Status quo von einer Befreiung von alten, starren Mustern hin zu einer Liberalisierung. Doch dann wird das gesellschaftliche Gefüge zu heterogen, zu komplex, und wir stürzen zurück in den Kollektivismus – suchen Sicherheit in Gleichheit. Keine Ambivalenzen, klare Vorgaben und Werte, die zu befolgen sind. Meistens mit ein paar heroischen, geradezu vergötterten Leitfiguren. Die Gesellschaft wandelt sich somit von der Rebellion zur neuen Hegemonie und endet in einem Zusammenbruch, das Pendel schwingt zwischen faschistoidem Kollektivismus und übertriebenem Individualismus. Können wir im einundzwanzigsten Jahrhundert bitte endlich diese Dynamik brechen?

Der Generationsmythos

Allmählich gehen uns die Buchstaben zur Bezeichnung von Generationen aus. Was soll denn nach Z noch folgen? Sollten wir besser auf Nummern umsteigen? Vielleicht macht es mehr Sinn, mit der Generationsscharade aufzuhören, denn die Differenz zwischen den Alterskohorten ist heute kleiner denn je. Die Hälfte der Menschen will nicht mal ihrer Generation zugeschrieben werden. Sie will einerseits nicht zu Unrecht kategorisiert werden, andererseits sind die Werte unter Gleichaltrigen einfach zu unterschiedlich. So gibt es Öko-Fritzen in allen Generationen, ebenso Spießer:innen bis hin zu verklemmten Rassisten:innen. Tendenzen sind zu erkennen, aber sie sind statistisch immer weniger wahrscheinlich. Wir nähern uns dem Ende der Generationen. Die Unterschiede innerhalb einzelner Kohorten sind sogar schon so groß, dass manche Marketingabteilungen regelrecht daran verzweifeln. Diese Kids sind unerreichbar geworden, obwohl sie dauernd online sind. Was jetzt? Der Megatrend Individualisierung hat uns an einen Punkt gebracht, an dem es wahrhaftig schwierig ist, jemandes Persönlichkeit und Weltbild anhand seines Alters zu bestimmen. Das ist geradezu eine Schande, denn wir lieben doch Klischees. Ich kenne Sechzigjährige, die sich wie Gen-Z-Kids verhalten, und Jugendliche mit dem Duktus eines Pensionärs. Wir haben uns gewandelt, weg von Alterskohorten hin zu Wertekohorten. Wirklich »echte«, nach Geburtsjahren definierbare Generationen werden nur durch gewaltige gesellschaftszerstörende und traumatisierende Ereignisse wie zum Beispiel die Weltkriege erzeugt.

Gleich vorab, die Coronakrise ist genau das nicht, zumindest nicht ganz. Erschreckend ja, aber nicht gesellschaftsbeendend. Wirklich homogen, also gleichartig, werden die Generationen erst nach massiven Katastrophen, als eine Art Reflex. Erst nachdem wir im Kollektivismus wieder Halt und subsequent Aufschwung gefunden haben, kann es aufs Neue in Richtung individueller Differenzierung gehen. Corona wird nicht zu einer Regression in den Kollektivismus führen wie in den dunkelsten Zeiten des zwanzigsten Jahrhunderts. Stattdessen wandelt sich das Bild hin zu einer neuen Wir-Kultur. Gemeinsam unterschiedlich sein, macht uns stark. Wir haben den Peak der Individualisierung erlebt und die Schattenseiten nun mit eigenen Augen gesehen. Amerika, die große Petrischale, zeigte, dass zu viel ICH und zu wenig WIR zu Maskenverweigerern, Hamsterkäufen und weiteren Formen der Idiotie, in diesem Falle Covidiotie, führte.

Wer die »simpleren alten Zeiten« der Gleichartigkeit vermisst, für den gibt es jedoch noch Hoffnung. Wenn wir unsere alten Generationsschubladen zurückwollen, müssen wir nur Global Warming in vollster Zerstörungskraft geschehen lassen. Überhitzte Erde, Versorgungsengpässe, gefolgt von Flüchtlingskrisen und einer weiteren Pandemie – die Mutter aller Krisen. Von dem wirtschaftlichen Untergang ganz zu schweigen. Würde die Welt im wahrsten Sinne des Wortes den Bach runtergehen, würden wir wieder in ein System von Generationen kommen, wie wir es von früher kennen. Schöne, klare Schubladen, treffsichere Klischees. Auch eine richtig saftige Krise à la Weltkrieg würde dieses Resultat nach sich ziehen. Man stelle sich ein solches Day-X-Szenario vor, mit unseren heutigen oder gar zukünftigen Technologien. Im Vergleich dazu war Covid-19 höchstens eine Generalprobe.

Werte statt Alter

Was haben der legendäre Rocksänger Ozzy Osbourne und der englische Prinz Charles gemeinsam? Nach dem normalen soziodemografischen Generationsbild eigentlich alles. Beide stammen sie aus der Babyboomer-Generation. Als zwei weiße Männer, geboren im selben Jahr in England, haben sie es zu massivem Wohlstand geschafft – wenn auch auf verschiedenen Wegen. Nun würde man nach alter Generationslogik sagen, die zwei Herren müssten sich doch sehr ähnlich sein. An der Oberfläche vielleicht. Auf der Werte-Ebene aber sind die beiden englischen Herren höheren Alters eigentlich exakt gegenteilig. Der eine ist ein Rockstar, der einst eine lebendige Fledermaus auf der Bühne verzehrte. Das war auch ohne Covid-19 schon ziemlich crazy. Der andere ist ein Prinz aus dem britischen Adelshaus. Es wäre verkürzt, zu extrapolieren, dass die beiden aufgrund der soziodemografischen Daten auch dieselbe Wertestruktur haben müssten.

Was sich hier an der Spitze der Machtpyramide abbildet, überträgt sich auch nach unten hin. Es finden sich innerhalb der einzelnen Generationen so brachial unterschiedliche Werte und somit Lebensstile, dass eine Simplifizierung auf Alter, Geschlecht und Klasse einfach nicht mehr möglich ist. Das Äquivalent des Prinzen und des Rockstars gibt es in allen Gesellschaftsschichten, auch wenn anders ausgeprägt.

So ist zum Beispiel die Annahme, dass Babyboomern das Klima egal sei, gehöriger Bullshit. Der Unterschied beträgt in Amerika, wo es die meisten Leugner:innen gibt, nur ein paar wenige Prozentpunkte. Ich behaupte mal dreist, dass die Differenz vor allem durch den Generationenkonflikt bedingt war. Durch das Gefühl, es sei eine Kritik an ihrer Generation und ihren Werten. Die eigentliche Forderung war die nach einer Weiterentwicklung der fantastischen Welt, die sie geschaffen hatten. Ein subjektiver Kategorienfehler, der völlig verständlich ist. Die Boomer sollten nur nicht vergessen, dass sie den Klimaprotest erfunden haben. Im Übrigen gibt es auch in der Generation Y genug Spießer:innen und Ökofreaks, in der Generation Z Mega-Konservative (die neue Rechte) und Über-Liberale (auch bekannt als Social Justice Warriors). Die von den Boomern gestartete Individualisierung der Gesellschaft hat dazu geführt, dass wir gezwungen sind, Menschen als Individuen wahrzunehmen, und das ist fantastisch. Wir können also höchstens Tendenzen sehen, die über den Generationenverlauf des zwanzigsten Jahrhunderts immer weiter abgenommen haben. So ist die Macht der Individualisierung. Damit umzugehen, ist zwar nicht einfach, aber ein zentraler Baustein unserer gemeinsamen (fucking) Zukunft.

Generationen werden sich immer weiter in sich wandeln. Vielleicht ist es an der Zeit, die einzige Konstante namens Wandel zu akzeptieren – sie sogar lieben zu lernen. Werte haben den Vorteil, dass sie flexibel sind und somit nicht entlang rigider Alterskohorten zu finden sind. Die Werte einer Zeit kann man getrost auch als den Zeitgeist bezeichnen, wenngleich dieser Begriff etwas vorbelastet ist. Unsere Einstellungen lassen sich formen, wir sind durch Diskussion und Überzeugung (meistens) bereit, sie zu wandeln. Das kann mal mehr, mal weniger Arbeit sein, ist aber grundsätzlich der Grund, weswegen wir als Menschheit so weit gekommen sind. Noch mal eine kurze Erinnerung daran, dass die Welt so gut ist wie nie zuvor – danke, Boomer & Co. Klar, bei uns im Westen kann man natürlich sagen, irgendwie geht schon lange nichts weiter. Schaut man sich aber die globalen Zahlen an, wird die eurozentrische Sicht etwas gebrochen. Die Kindersterblichkeit geht runter, Menschen kommen aus der massiven Armut zunehmend heraus, Frauen kriegen auch in Ländern wie Bangladesch graduell mehr Rechte. Covid-19 wird sicherlich einen leichten Rückschlag verursachen, aber der Kurs stimmt. Es ist kein Wunder, dass Menschen in vermeintlichen Entwicklungsländern einen weitaus optimistischeren Zukunftsausblick haben, da geht ordentlich was weiter – und zwar fast tagtäglich.

Ein gedanklicher Konflikt ist also nichts Schlechtes, sondern inhärent produktiv. Problematisch wird es nur, wenn wir uns vor ihm verstecken. Wenn der Kampf um Werte in einer ehrlichen, gut gesinnten Arena ausgetragen wird, entsteht geistiger Fortschritt. Obwohl es sich mittendrin, während geblockt, verneint und denunziert wird, oft unmöglich anfühlt, ist genau das der richtige Weg in Richtung Zukunft. Ein Generationenkonflikt, der zu einem Sinneswandel führt, kann noch größere, dramatischere Krisen vermeiden. Werte bestimmen Verhalten, das ist, was am Ende des Tages auf dem Spiel steht. Insofern sollten wir uns nicht vor dem unangenehmen Streit um Werte drücken, sondern ihn begrüßen. Kein Wunder, dass jede Diskussion eigentlich ab dem Zeitpunkt gestorben ist, an dem man Menschen in Alters- oder sonstige soziodemografische Schubladen packt. OK Boomer lässt grüßen. Wenn Menschen unterschiedlichster Ansichten aufeinandertreffen und diskutieren, entfacht sich ein unglaubliches Potenzial. Man könnte dies auch als produktive Differenz bezeichnen. Heterogene Systeme, die Konflikte lieben, sind bekanntlich die resilientesten, während diejenigen, die sich vor ihnen drücken, die fragilsten sind. Die Rebellionen des zwanzigsten und einundzwanzigsten Jahrhunderts simulieren eine präemptive Krise, sodass wir uns doch endlich solidarisieren. Das können wir bekanntlich in solchen Zeiten viel besser, als wenn die Gefahr still und leise ist oder in ferner Zukunft liegt.

Kurz gesagt: Im Zeitalter der Werte verläuft der Konflikt nicht entlang von Alterslinien, sondern zwischen Wertekohorten. Eigentlich ist es das, was funktionalen Pluralismus ausmacht. Wir sollten uns daran gewöhnen und das volle Potenzial unserer gemeinsamen Reibung in Form von Produktivität ausschöpfen. Der Konflikt, den wir gerade verspüren, ist unsere beste Chance, eine echte Krise wie zum Beispiel einen Weltkrieg oder massive Erderwärmung zu vermeiden. Noch kürzer und krasser ausgedrückt: Konflikt solidarisiert auf eine seltsame Art und Weise. Sofern er nicht ins absolut Existenzielle geht. Auch die Klopapier-Hamsterkäufer:innen am Anfang der Covid-19-Pandemie sorgten zum Großteil eher für eine Solidarisierung der minder paranoiden Bevölkerung, die somit auch klar zur Mehrheit der Gesellschaft geoutet wurde. Zukunft entsteht aus dem Umgang mit Ambivalenzen und dem Vereinen vermeintlicher Widersprüche.

Der Konflikt

Der Dorfälteste ist eine noble Figur. Voller Weisheit und Erfahrung hat er es geschafft, ein höheres Alter zu erreichen. Vor allem in unserer evolutionären Vergangenheit, geprägt von frühen und brutalen Toden, war es wahrlich eine Errungenschaft, der gehuldigt werden musste. In der Zeit der Säbelzahntiger und unbekannten, mysteriösen Krankheiten konnten die Alten ihr Wissen weitergeben und somit einen wirklichen Mehrwert bieten. Da das durchschnittliche Leben damals in den besten Fällen gerade mal reichte, um eine weitere Generation in die Welt zu setzen, gab es dementsprechend auch nicht sonderlich viele Weise. In der Moderne ist das jedoch schon lange nicht mehr so.

Ganz so, wie wir unser soziales System strukturiert haben, stützen die jungen, arbeitsfähigen Generationen die Pensionen der älteren. Das klappte in den letzten Jahrhunderten ganz gut. Nun wissen wir vom modernen demografischen Wandel allerdings zwei Dinge: Wir leben immer länger und haben immer weniger Kinder. Insofern wird diese Gleichung langsam schwieriger zu lösen sein – durch die Wirtschaftskrisen der Jahre 2001, 2008 und 2020 umso mehr. Nun stellt sich die Frage, wie das Spiel in Zukunft gestaltet werden kann, sodass alle versorgt sind. Zuerst sollte man vielleicht allen Teilnehmern nochmals klar kommunizieren, dass das eigene Wohl vom Erfolg der nächsten Generationen direkt abhängig ist. Es ist wahrlich der schlechteste Zeitpunkt für einen Generationenkonflikt, jetzt, wo die Abhängigkeiten höher denn je sind und das System fragil wie noch nie ist. Ein Streit über Ressourcen wäre der Anfang vom Ende eines Gesellschaftsdeals, der bis dato fantastisch funktioniert hat – die Alten haben die Weisheit, die Jungen die Energie und Innovation. Dieser Vertrag muss nun erneuert werden. Von beiden Seiten. Denn so wie jede Generation den Jüngeren Verdummung und Verblendung unterstellt, kommt der Gefallen gleich retour – wir machen immer auch die vorherige Generation für all unsere Probleme verantwortlich. Dieser Mechanismus ist also von beiden Seiten aus idiotische Zeitverschwendung.

Generationenkonflikte sind nichts Neues. Sie strukturieren sich entlang Entwicklungszyklen zwischen Individualismus und Kollektivismus. So ist unser momentaner Konflikt zwischen Boomer und X gegen Y und Z angesiedelt. Während Erstere vom Aufschwung profitierten, leiden Zweitere an den Erscheinungen einer zu komplex gewordenen Welt mit weniger Aufstiegsmöglichkeiten. Der große Fehler hier wäre es, zu behaupten, die Umstände der Jüngeren seien selbst verschuldet: Dumm geworden sind sie, lesen keine Bücher mehr – man kennt die Klischees. Sie sind gerade deshalb komplett unbegründet, weil der Bildungsstand stetig gestiegen ist, dank der tollen Arbeit der vorherigen Generation. Es gibt hier keinen Schuldigen, diese Zuschreibungen sind historische Konstanten. Die Mission der Zivilisationsevolution ist es allerdings, alte Muster zu brechen und unsere niederen Instinkte zu überwinden. Auf die Frage, ob unsere älteren Gesellschaftsmitglieder eine Belastung für die Gesellschaft darstellen, antworten fast alle Befragten mit einem klaren Nein. Vermehrt denken die Pensionisten sogar eher, dass sie eine Last für uns alle sind, also die Jungen. Es braucht eine Kurskorrektur von beiden Seiten, sodass sich die weisen Dorfältesten und die jungen (doch gar nicht so dummen) Produktiven wieder in ein symbiotisches und nicht kämpferisches Verhältnis einpendeln.

Vor allem in den Großstädten leben Menschen mit unterschiedlichen Lebenserfahrungen und Hintergründen zwar eng beieinander, aber irgendwie getrennt. Eine gesunde Durchmischung ist auch aus Kultur- und sozialanthropologischer Perspektive sehr gesund für alle Involvierten. Auch wenn das manchmal unangenehm sein kann. Trends wie Mehrgenerationenhäuser sind im Kommen, nicht nur, weil sie die Mietpreise erträglicher machen. Kommunen unterschiedlichster Art erleben auch langsam ein Comeback, Stadtaussteiger:innen starten vermehrt solche Projekte, indem sie irgendwelche alten Industriehallen renovieren und ihnen neues mehrgeneratives Leben einhauchen. Dazu später mehr.

Momentan versuchen wir ein historisches Muster zu wiederholen, das so eigentlich gar nicht stattfindet. Der Konflikt besteht nicht auf einer persönlichen Ebene. Die Jungen hassen die Älteren nicht, ihre Werte sind großteils nachvollziehbar, ihre Errungenschaften fantastisch. Die Rebellion richtet sich auf eine Weiterentwicklung der wunderbaren Welt, in der wir leben, und nicht gegen die Eltern oder Großeltern. Diesen Kategorien- und Kommunikationsfehler gilt es zu erkennen, um eine gemeinsame fucking Zukunft zu schaffen. Das *Wir* ist gegeben, nur das *Wie* muss noch gefunden werden.

Es gibt einige interessante Attribute, an denen man immer noch einen Schwung des generativen Pendels erkennen kann – zum Beispiel die Art und Weise, wie die Bankenkrise von 2008 Interessen formte. Plötzlich wurden Produkte und deren Status wichtiger als die gesellschaftliche Position – ein typischer Effekt nach finanziellen Einbrüchen. Während wir, die Millennials, über Erlebnisse und nicht Dinge sprachen, erkannten unsere Nachfolger:innen, dass es vielleicht nicht so einfach ist, von Instagram-Postings zu leben, wenn das Finanzsystem implodiert. Während Millennials eher ihren Hippie-Babyboomer-Eltern ähnelten, fand die Gen Z eher zu ihren hart arbeitenden, fiskalisch eher konservativen Gen-X-Eltern zurück.

Generationen sind Teil eines Kontinuums, und sie werden immer unwichtiger in unserer gesellschaftlichen Debatte. Die ersten beiden totaldigitalen Generationen werden sich mit der nächsten zusammenschließen, um für eine gemeinsame

Zukunft zu kämpfen. In den Zyklen des Generationswandels gibt es immer eine Zeitgeist-definierende Kohorte. Die letzte dieser Art waren die Babyboomer, derselbe Zyklus wird sich so nicht wiederholen. »Werte statt Alter« lautet das Motto des einundzwanzigsten Jahrhunderts. Gesellschaftlicher Fortschritt bedeutet das Überwinden von alten, vermeintlich unveränderbaren Mustern. Wenn ich also über Zukunft rede, sollten Sie wissen, dass ich gleichzeitig über die Menschheit als Ganzes spreche wie auch über die jetzige Jugend, die die Welt erben wird.

Digitales

Sie haben Schwierigkeiten, Entscheidungen zu treffen. Sie würden lieber im Himalaja wandern, als die Karriereleiter zu erklimmen. Sie haben wenige Helden, keine Hymnen, keinen Stil, den sie ihr Eigen nennen. Sie sehnen sich nach Unterhaltung, aber ihre Aufmerksamkeitsspanne ist so kurz wie das Zappen von einem TV-Kanal zum nächsten.

»Proceeding with Caution«, Time, 2001

»Neue Technologien verderben die Jugend«, wird den Jungen schon seit eh und je von den Älteren unterstellt. Gerade jetzt, wo die Technologie-Innovation so groß ist wie noch nie, auch wenn sie derzeit etwas abflacht, waren die letzten dreißig Jahre eine gute Zeit für dieses Klischee. Die Gen Y & Z sind also *noch* schlimmer, als das jemals zuvor eine Generation war. Renommierte Kolumnen, Zeitungen und Medienhäuser sind längst routiniert darin, ihren Lesern zu erklären, dass keineswegs sie an den Schwierigkeiten mit ihren Kindern schuld seien, sondern vielmehr diese ewig bösen neuen Technologien. Verträumt und digital verseucht – sind wir wirklich so *fucked up?*

Es bedarf des Widerspruchs zu diesen gängigen Meinungen auch heute, sogar mehr denn je. Die Ansicht, dass die neuen, digitalen Generationen analogen Kontakt mit Menschen verabscheuten, weil auf WhatsApp und Facebook keine echten Mensch-zu-Mensch-Interaktionen liefen und dadurch Humanität in ihrer reinen Essenz verloren gehe, halte ich schlichtweg für falsch. Studien zeigen, dass sogar Gen X, und vor allem auch Y und Z, bei der richtigen Tätigkeit analoge Kommunikation bevorzugen. Was in einem Telefonat erledigt werden kann, ist dort gut aufgehoben. Aber eine Präferenz fürs Facetimen statt zusammen zu feiern oder kreativen Meetings beizuwohnen, ist Blödsinn. Es braucht ein bisschen mehr als Smartphones, um die fundamentale Art und Weise zu ändern, wie Menschen verbunden sind und bleiben. Glauben Sie also bitte nicht, dass Ihr Kind ins Smartphone starrt, weil es einen Mangel an sozialen Fähigkeiten kultiviert – wenn überhaupt, hat es mehr. Denn das Zusammenwirken von digitalen und analogen Netzwerken ist eine gute Sache, Kommunikationskanäle gibt es viele. Genau diese Diversität kann mehr Raum für sinnvolle humane Interaktionen schaffen. Ist es nicht das, was jeder von uns am Ende des Tages will? Spätestens in der Covid-19-Quarantäne ist uns allen klar geworden, wie sich eine völlige digitale Überdosis anfühlt und was das Netz doch nicht ersetzen kann. Auch wenn es höchste Eisenbahn war, dass Oma Facetimen gelernt hat.

Wenn man der linearen technologischen Entwicklungslogik folgt, müsste die Gen Z die digitalste von allen sein und die Generation danach nur mehr in einer virtuellen Realität erzogen werden. Zuerst sollte man jedoch vielleicht mal untersuchen, wer denn wie digitalisiert ist. Denn auch hier bewahrheiten sich nicht alle Grundannahmen. Es ist eigentlich fast so, als wäre bei der Digitalisierung für jeden etwas dabei. Sie ist nämlich eine Tendenz, aber noch lange keine Wertehaltung. Sie ist überall, doch wir nutzen sie sehr, sehr unterschiedlich.

Die Babyboomer kann man getrost als die vor-digital aufgewachsene Generation bezeichnen. Sie haben zwar erlebt, wie das Internet emporstieg, kannten aber dennoch eine Welt gänzlich ohne es – und auch ohne die dauernde Erreichbarkeit durch Smartphone & Co. Sie sind mal mehr, mal weniger digital kritisch und denken, dass Technologie die nächste Generation ruiniert hat. Das ist ganz normal. Obwohl sie nun fast alle digitalisiert sind, ist ihr Medienkonsum durchaus anders als der der Digitalgenerationen X, Y und Z. Gerade in Fragen des Medienkonsums wird zwischen Boomern und MilleXZials als nicht sonderlich geglücktem Dachbegriff der digital affinen Generationen unterschieden. Also denjenigen, die hauptsächlich Netflix & Instagram nutzen statt Facebook und Fernsehen. Stattdessen könnte man in prädigitalen (aber nicht non-digitalen), digitalen und postdigitalen Generationskohorten denken. (Prädigital impliziert eben auch, dass uns eine postdigitale Generation bevorsteht. Dazu später mehr.)

Wenn über digitale Nutzung diskutiert wird, werden meistens die Schattenseiten aufgegriffen. Die Idee, dass Fernsehen verblöden könnte, wurde vom doch so bösen Netz weggeschwemmt. Und da war ja noch das Smartphone, die Spritze, die das gefährliche Gift überhaupt erst übertragungsfähig macht. Die Millennial-Generation wird oft als die erste davon gefährdete Kohorte bezeichnet. Halt, stopp! Die Generation X war zur Einführung des Smartphones zwischen zweiundzwanzig und einundvierzig Jahre alt und sieht das iPhone und somit

Apple als die Marke Nummer eins – kein Hate gegen Windows. Netflix & Co. haben sie übrigens auch schon fast alle. Das Klischee der digital Süchtigen geht also wesentlich weiter zurück als im öffentlichen Diskurs üblich. Es ist fast so, als beträfe die Digitalität jede Generation – und als wollten manche Individuen dies einfach nur nicht akzeptieren. Im wiederkehrenden Motiv des »Neue-Technologie-Bashings« lässt sich eigentlich eine natürliche Emotion finden, nämlich die Angst. Angst, dass man abgehängt wird von der neuesten Technologie, denn man ist selbst auf einmal ein Fremder im digitalen Neuland. So geht es mir im Übrigen mit TikTok – ist also nicht nur bei den »Alten« der Fall. Und so wird es meiner Generation in Zukunft ebenso bei der nächsten großen technologischen Neuerung gehen, sei sie VR, AR oder gleich das Microchipping. Ziel muss es deswegen auch sein, Technologien für alle zugängig zu machen. Daran müssen wir noch ein bisschen arbeiten.

Der Digitalkonsum nimmt in Richtung unserer jüngsten Gesellschaftsmitglieder immer weiter zu, das stimmt, auch wenn der Anstieg inzwischen langsam abflacht. Nur ist die Nutzung der Älteren nicht mal ansatzweise so gering, wie sie gerne von sich behaupten. Der Corona-Lockdown war eine perfekte Petrischale, um den wahren Konsum zu Hause zu bemessen. Alle steckten wir in den eigenen vier Wänden fest und konsumierten, kommunizierten, was nur ging. Gegen die Langeweile – anfänglich noch gepaart mit ein bisschen Angst. Während die Boomer ihre Nachrichten eher vom Fernsehen und aus Zeitungen bezogen, gehörte bei der vermeintlich noch nicht digital verseuchten Generation X schon die doppelte Menge an Online-Journalismus zur Mediendiät. Die Jüngeren schauten klar mehr Online-Videos, hier bestätigt sich endlich mal in Zahlen ein Klischee. Das Problem ist, dass die Informationen früher in der Zeitung fast alle gut recherchiert waren. Diese Sicherheit lässt sich aber nicht direkt ins Netz übertragen – was die Generationen X Y Z aufgrund ihrer Medienkompetenz wissen. Die Boomer haben noch Schwierigkeiten damit.

Sogar alte, fast vergessene, ja, analoge Kulturtechniken fanden aufs Neue Einzug ins Leben. Die »Kids« fingen wieder an, Kerzen anzuzünden, Bücher zu lesen, sogar zu stricken. Kochen und Lebensmittellogistik konnten im Stillstand der üblichen beschleunigten Leistungsgesellschaft erfahren werden. Das gewohnte fatalistische Argument, danach würde alles wie davor, ist etwas zu pessimistisch. Die Kombination aus gemeinsamer Pause und digitaler Überdosis wird schon für etwas Katharsis gesorgt haben, auch bei den Digitaljunkies. Wir kannten die Welt doch gar nicht anders, man muss etwas auch mal an der eigenen Haut erfahren, um dadurch zu wachsen. Abstrakte moralische Wertungen von oben herab führen in der Regel eher zu Verweigerung statt echtem Wandel.

Aber zurück zu unserem Problemfall Überdigitalisierung. Eine Parallele zwischen unseren Ältesten und Jüngsten, also Boomern und Z, ist ihr Misstrauen gegenüber Mainstream-Web-Inhalten. Wir alle brauchen Zugang zu Information, vor allem in Zeiten einer Pandemie. Da ist vermutlich der unabhängige, öffentlich-rechtliche Fernsehsender wie ARD oder ORF am besten. Die Boomer & Zoomer vertrauten den Newslettern und Websites der WHO und weiteren Gesundheitsinstituten sowie Regierungen wesentlich weniger als X und Y. Der Skeptizismus gegenüber Digitalität besteht aber aus anderen Motiven. Boomer pflegen eine grundsätzliche Skepsis für Inhalte aus dem Netz, vermeintlich verdummt ja dadurch die Jugend; diese allerdings kennt das Netz von klein auf. Sie ist ja teils im Strom des Digitalen erzogen worden. Das Misstrauen der Jungen gegenüber digitalen Inhalten stammt aus etwas, das man nur als Bullshit-Filter bezeichnen kann. Mit ihrer Affinität zum Netz haben sie gelernt, wie viel Quatsch es eben dort gibt. Fake News, Datendiebstahl, nigerianische Prinzen, all das kennen sie quasi von Geburt an. Insofern verfügen sie mittlerweile über eine Art Instinkt dagegen. Das Verhalten und Wissen haben sich mit den Generationen mit entwickelt. So können sie viel einfacher unterscheiden, was eben Bullshit ist und was nicht. Auch wenn sie es nicht immer erklären können. Zusätzlich haben viele der Institutionen für sie gefühlt relativ wenig geleistet. Sie stehen vor großen wirtschaftlichen Herausforderungen, es fühlt sich an, als wäre die Welt gegen sie. Diese Kombination aus Verdrossenheit und digitaler Kenntnis erklärt, warum diese sonst sehr gebildete und informierte Generation Z sich wie ihre Opas und Omas eher gegen offizielle Information auf digitalen Wegen sträubt.

Soweit die Informationsdiät, nun zum nächsten großen Thema: den (un-)sozialen Medien. Grundsätzlich flacht die Social-Media-Nutzung über alle Generationen langsam ab. Endlich. Schön zu sehen, dass Europa die Nase vorn hat, was den Social-Media-Entzug angeht. Dennoch sind wir hier bei einer Stunde und fünfzig Minuten Durchschnitt am Tag. Aber wer nutzt wie viel? Es ist leider ungefähr so, wie man es sich vorstellt. Wieder mal ein Klischee bestätigt. Boomer und X nutzen etwa gleich wenig, Y & Z etwa gleich viel. Facebook ist vor allem vergleichsweise bei den Älteren wirklich groß – und das ist ein Problem, sorry. Weil den Älteren unter uns der Bullshit-Filter fast gänzlich fehlt, können sie leichter manipuliert werden. Daran sind sie nicht schuld, es ist nun mal einfach Fakt, dass sie am meisten Fake News lesen und teilen. Man könnte sich jetzt sehr einfach zum Boomer-Bashing verleiten lassen, aber eigentlich handelt es sich um eine Erfolgsstory: Es bedeutet nämlich, dass die Jüngeren immer besser mit neuen Technologien umgehen und somit auch eine größere gesunde Skepsis aufbauen können. Wenn alle drauf reinfallen würden, gäbe es keine Facebook-Boykotts und Ähnliches. Es ist ein Abbild einer gesunden gesellschaftlichen Evolution statt einer dummen alten Generation. Dennoch finde ich die Idee eines Facebook-Verbots für Ältere amüsant, wenn auch nur als Symptombekämpfung. Ein Verbot für die Weiterleitung vermeintlich lustiger Videos auf WhatsApp hingegen sollte vermutlich in die Verfassung geschrieben werden.

Wenn der Wandel von den alten, teilweise auch von Facebook profitierenden Institutionen nicht kommt, wird hier ebenfalls rebelliert werden müssen, sonst zerbröselt uns die Gesellschaft. Wo es früher noch hieß, das Internet verderbe »nur« die Jugend, zerstört es langsam den gesamtgesellschaftlichen Diskurs. Das betrifft uns alle. Ohne das alte Thema der Filterblasen jetzt groß aufzuziehen, muss gesagt werden, dass unser überhitzter Post-Wahrheits-Dialog und die ewige politische Lagerbildung wahrlich toxisch für unsere Gesellschaft sind. Wir suchen nach Wahrheit und werden von den Algorithmen in unsere eigenen Geistesgemeinschaften gedrängt. Dort passieren dann wenig Suche und wenig Wahrheit. Stattdessen werden unsere Ansichten einfach nicht herausgefordert, wir fühlen uns wohl in einem Meer aus Gleichgesinnten. Was mit Katzenvideo-Gruppen und Nachbarschaftshilfe begann, ist nun zu Anti-Impf-Bewegungen und Flacher-Erde-Verschwörungstheorien geworden. Die Verschwörungserzählung, dass Bill Gates mit seinen Impfprogrammen die Menschheit mit Mikrochips tracken wolle, ist wahrlich der skurrilste Schrei. Insofern amüsant, als dass diese Verschwörungstheorie auf Geräten geteilt wird, die sowieso schon mehr über uns wissen als wir selbst – und uns die ganze Zeit tracken. So sind ironischerweise die Trumpisten, die am 6. Januar 2021 das US-amerikanische Kapitol stürmten, durch die Ortung ihrer Smartphones überführt und vor Gericht gebracht worden.

Der ganze Informationsblasen-Quatsch hat sich auch auf die Dialogfähigkeit zwischen den Generationen übertragen. Immer wieder heißt es: Boomer sind tendenziell auf Facebook und teilen Fake News, Y & Z vergurken auf Instagram bei der Suche nach dem perfekt inszenierten Leben, und Gen Z mischt das Ganze mit noch ein bisschen TikTok-Videos, mit denen uns eigentlich China ausspioniert. Ganz so schematisch ist es in der Realität jedoch nicht.

Allerdings trägt die Hyperdigitalisierung einen gesamtgesellschaftlichen, oft übersehenen Kollateralschaden mit sich: digitale Einsamkeit. Eine gängige Assoziation mit dem Begriff Einsamkeit ist bei den meisten Menschen das Bild von verlorenen Greisen in Altersheimen. So ist die Realität nicht. Die einsamste Generation auf dem Planeten ist die jüngste – die Gen Z. Ganze neunundfünfzig Prozent von ihnen geben an, sich einsam zu fühlen – im Kontrast dazu sind es nur dreiunddreißig Prozent der Boomer. Die Millennials liegen im Übrigen knapp hinter den Kids. Dementsprechend ist es ein relativ neues Phänomen, bei dem wir gemerkt haben, dass in zwischenmenschlichen Beziehungen Quantität Qualität nicht ersetzen kann. 5000 Follower sind kein Ersatz für ein echtes, empathisches Freundes- oder Familien-Netzwerk. Das wissen wir vermutlich alle – ein Like ist noch lange kein Lächeln. Menschen, die mehr als zwei Stunden am Tag online sind, leiden mit einer doppelt so hohen Wahrscheinlichkeit unter Einsamkeit als jene, die das Internet unter einer halben Stunde nutzen. Wichtig ist natürlich, was man im riesigen digitalen Cyberverse eigentlich macht. Aber je länger man Zeit dort verbringt, desto eher rutscht man in Dopamin-Selbstbefriedigung und Zeitverschwendung ab. Darauf setzen ja bekanntlich viele App-Hersteller:innen. Der Begriff Hollow Flow bezeichnet die Zeit, die man swipend, rumschickend auf dem Gerät seiner Präferenz verbringt. Übersetzt heißt das etwa leerer Fluss und trifft es eigentlich sehr gut. Man kann sich selbst oft dabei ertappen, wie man ziellos zwischen den Apps rumcruist. Nichts ansatzweise Produktives gemacht, nur irgendwie sinnlos Zeit verschwendet. Fragt man sich danach, was man eigentlich gerade zwanzig Minuten lang getan hat, findet man keine Antwort. Dauernd online, aber irgendwie doch allein. Dabei spielt vermutlich auch die Individualisierung eine Rolle, die ihren Zenit erreicht hat – eine wahrlich ungünstige Kombination. Vernetzung bedeutet nicht Beziehung, und das Internet löst nur Ersteres. Zweiteres benötigt eine Menge Arbeit, nicht bloß einen Klick.

Wir als Homo sapiens, glorifizierte Affen, sind für eine gewisse Größe unserer sozialen (nicht digitalen) Netzwerke gerüstet. Die Dunbar-Zahl, eine Formel aus der Anthropologie, bezeichnet unser kognitives Überziehungslimit. So können wir mit ungefähr einhundertfünfzig Menschen stabile Beziehungen führen. Der innere soziale Kern besteht aus nur fünf, der erweiterte aus zehn Menschen. Alle einhundertfünfunddreißig darüber hinaus erhalten lediglich etwa ein Drittel unserer sozialen Zeit. Unser Neocortex, die Hirnzentrale für alles, was Sinne und Kognition angeht, wird bei mehr einfach überfordert. Die Simplifizierung auf Likes und Follows im Netz kann dem nicht gerecht werden. Wir haben unser soziales, empathisches Gehirn überfordert, und somit leidet unsere Beziehungsfähigkeit.

Nicht ganz zu Unrecht werden vor allem die Millennials »Generation Beziehungsunfähig« genannt.

Was im Analogen zutrifft, wurde auch auf digitalen Plattformen bemessen. Sei es bei Onlinespielen wie World of Warcraft oder Netzwerken wie Myspace und Facebook: Ab ungefähr einhundertfünfzig Kontakten wird es schwierig. Die Influencer:innen mit ihren Millionen Followern inszenieren sehr erfolgreich ihr riesiges soziales Leben, leiden aber insgeheim unter akuter digitaler Einsamkeit, vermischt mit unterschiedlichen Graden der Verblendung. Auch hier hat die große Krise namens Corona geholfen, indem sie die Lage zugespitzt hat. Im Lockdown erlitten alle eine Social-Media-Überdosis und können nun klarer sehen, wie man digitale Beziehungen schafft, welche und wie viele wirklich wichtig sind.

Aber Social Media ist inhärent nichts Böses, sondern eigentlich sogar etwas sehr Schönes. Mit der Menschheit, der Welt verbunden zu sein, alte Bekannte wiederzufinden und grundsätzlich up to date bei den großen Lebensereignissen seines sozialen Umfelds zu sein, ist ganz wunderbar. Nur haben wir es leider damit ein bisschen übertrieben. So wurde aus den anfänglichen Postings über das Mittagessen »10 Gründe, weswegen die Erde flach ist«. Über die alten Bekannten weiß man jetzt vielleicht mehr, als einem lieb ist. Eventuell wird man von ihnen sogar mit irgendwelchen Netzwerk-Marketing-Scharaden genervt. Die spannende Frage, die sich stellt, ist, ob das Ganze nicht schon längst eine Utility, also ein Gemeinschaftswohl, ist, die aber noch immer in den Klauen des Profits festhängt – und von dort auch viele der Probleme stammen. Die Menschheit wird sich die individuelle Darstellung und Verbundenheit im Netz nicht nehmen lassen, sie ist Teil des Fortschritts und bietet unwiderlegbare Vorteile. Allerdings ist es die Frage des Motivs, das hinter einer Plattform steckt. Im Moment ist die große Lüge, dass wir denken, wir seien die Konsument:innen dieser Technologien, denn eigentlich sind wir das Produkt. Viel mehr als dass wir diese Plattformen nutzen, verkaufen sie unser digitales Verhalten weiter. So bleibt der Dienst zwar gratis – zahlen müssen wir dann eben leider mit der graduellen Zerstörung der digitalen zwischenmenschlichen Kommunikation, die positiven Effekte von Social Media verschwinden über den Horizont. Wie der von Twitter & Co. verstoßene Demagoge Donald J. Trump einst sagte: »Das muss der schlechteste Business-Deal in der Geschichte aller Business-Deals sein.«

Unsere Daten, unser Verhalten werden eigentlich gegen uns genutzt – obwohl dort so viel mögliches positives Potenzial herrscht. Statt uns überreden zu wollen, den nächsten Schrott möglichst schnell und oft zu kaufen, gäbe es eine Menge besserer Ideen. Google weiß bekanntlich vor mir, ob ich schwanger bin beziehungsweise Vater werde oder wo sich in der Covid-19-Pandemie wahrscheinlich Infektionscluster bilden werden. Man denke sich nur, was für gesundheitliche, gesellschaftliche Vorteile wir daraus ziehen könnten, wenn es nicht immer nur um mehr, mehr, *mehr* Konsum ginge. Auf der Suche nach einer Lösung gegen das Monopol der Internet-Giganten gibt es nach wie vor noch keinen perfekten Pfad. Wir wollen die Vorteile der sozialen Medien nicht missen, aber so, wie es jetzt läuft, kann es nicht weitergehen. Ein weiteres festgefahrenes System, das eine kräftige Rebellion vertragen könnte.

Vielleicht sollten wir auch einfach akzeptieren, dass das Spiel nun mal so läuft. Eine Digital-Dividende ist zwar keine Lösung, aber zumindest eine Symptombekämpfung. Immerhin besser als die jetzige Behandlungsstrategie – ignorieren, vertuschen, vergessen. Sie würde bedeuten, dass wir der momentanen Realität ins Auge schauen. Die Internet-Giganten sind smarter und mächtiger als wir. Wenn wir den Datenraub verbieten, finden sie ein *workaround*. Die Dividende würde aber zumindest bedeuten, dass sie dafür etwas zahlen müssten. Eine Korrektur der großen Lüge, dass wir doch die Konsument:innen sind. Es würde bedeuten, wir akzeptieren, dass sie unsere Daten stehlen, lassen uns aber dafür entlohnen. So bekommen wir zumindest etwas für das Erfassen unseres Verhaltens, unserer Präferenzen und des Konsums. Wenn ich also bei Facebook ein verifizierter, aktiver regelmäßiger Nutzer:in bin, zahlt mir der Konzern durch eine Digital-Dividende einen gewissen monatlichen Betrag. Dies würde die Krankheit zwar nicht heilen, böte aber immerhin eine Übergangslösung, die das Spielfeld zwischen Digital-Giganten und Bürger:innen etwas angleicht. Zumindest würde sie die Perspektive zurechtrücken und uns vielleicht sogar vom digitalen Stockholm-Syndrom befreien.

Das Digitale auszubeuten und die Machtlosigkeit der Institutionen, dies einzugrenzen, sind ein akzeptierter Normalzustand geworden. Steuern zahlen ist nur für Loser. Die digitalen Global Player werden mit nationalstaatlichen Mechanismen nicht in den Griff zu kriegen sein. Hierfür gibt es eine Lösung: zuerst mal eine saftige Rebellion. Auch im Netz existiert eine Hegemonie, die dem Zeitalter der Rebellion nicht entkommen wird. Wir können uns das nicht ewig gefallen lassen. Die völlig digitalen Generationen erst recht nicht, sie werden noch eine sehr lange Zeit hiermit zu kämpfen haben. Aber sie werden sich dafür einsetzen, dass das Netz, Social Media und digitale Technologie ganz grundsätzlich *für* die Menschheit genutzt werden statt gegen sie und für alle Altersgruppen zugänglich bleiben.

Notfalls muss eine neue Institution geschaffen werden, eine Art UN oder NATO für Digitales. Sonst tanzen die Digital-Giganten auf unseren peinlichen nationalstaatlichen Versuchen der Eindämmung herum. Die Bedrohung der Moderne ist kein Krieg, sondern dass wir uns im Strom der Digitalität als Menschheit aus den Augen verlieren. Verbildlicht wurde das Ganze, als Mark Zuckerberg im Jahre 2018 zu einer Befragung vor den mächtigen Senat vorgeladen wurde. Der Cambridge-Analytica-Skandal *(remember that?!)* war in vollem Gange, dabei bestätigte er nur das, was wir sowieso schon alle wussten: Daten werden zur Manipulation von Verhalten genutzt und weiterverkauft. Das Panel, das fast ausschließlich sechzig plus, männlich und weiß war, war völlig überfordert. Heraus kam die tolle Offenbarung, dass Facebook sein Geld mit Werbung macht. Im Jahr 2018! Unglaublich.

Für unsere gemeinsame fucking Zukunft wäre es durchaus hilfreich, wenn wir uns alle im Netz zurechtfinden könnten, statt nur diejenigen mit einem ausgeprägten Bullshit-Filter. Wenn es generationenübergreifend genutzt werden könnte und nicht verschiedene Altersgruppen und Meinungsgruppen sich auf unterschiedlichen Plattformen verstecken würden. Das Internet als Verbinder, nicht als Spalter, ist ein integraler Baustein in der besseren Welt von morgen.

Digitale Zukunft – radikale Ehrlichkeit als Lösungsversuch

Akut leben wir noch im Zeitalter der Fake News, der unsicheren Wirklichkeit, der Verschwörungen und Verschwurbelungen. Wir wissen immer weniger, wer wir sind, aber sehnen uns immer mehr nach Identität. Facebook ist schon längst das größte Verlagshaus der Welt, aber entzieht sich jeglicher inhaltlichen Verantwortung. Der Algorithmus ist weder auf Wahrheit noch auf positive soziale *outcomes* ausgelegt – *Hate and fake news are a feature, not a bug*. Während im Netz somit Hassorgien toben, herrscht im öffentlichen Raum eher der Sound einer heuchlerischen Unehrlichkeit: Ich will dir ja nicht wehtun, ich will nur dein Bestes, ich will solidarisch sein (aber geh mir ja nicht auf die Nerven!). Höchste Zeit für einen knallharten Gegentrend, mit dem wir uns wieder *wirklich* machen können. Vermutlich müssen wir endlich lernen, dass wir die Realität selbst in der Hand haben. Was früher Staat oder Kirche geleistet haben, nämlich uns die Welt zu erklären, müssen wir nun selbst machen. Menschen geben bei solch einer monumentalen Aufgabe manchmal einfach auf, landen bei Verschwörungstheorien, die einfache Antworten auf die komplexe Welt der Moderne haben. Das Internet stellt das ganze Informationssystem ziemlich auf den Kopf, denn auf einmal sendet nicht mehr einer an viele, sondern theoretisch alle an alle. Man könnte es wie ein neoliberales freies Spiel der Informationsmächte sehen, aber das ist zu gefährlich. Denn wenn wir einen Teil der Bevölkerung in Informationssilos und Echokammern verlieren, kann das greifbare Konsequenzen haben. Vom Sturm auf das Kapitol der Trumpisten bis hin zur unheiligen Allianz der Coronaleugner:innen vorm Brandenburger Tor. Im Netz sowie in der Gesellschaft braucht es einen radikalen Wandel unserer Kommunikation, um unseren gesellschaftlichen und intergenerationellen Diskurs wieder in Richtung Wahrheit zu biegen. Vom kleinen zum großen Wandel, fangen wir doch mal bei uns selbst an.

David Blanton hat sieben Bücher zum Thema Wahrheit und Lügen verfasst. Als Psychotherapeut aus Washington D. C. erklärt er sein Prinzip ziemlich einfach: Immer die Wahrheit! Kein Taktgefühl. Der Filter zwischen Hirn und Mund hat zu verschwinden. Auch bekannt als »Truth Doctor«, bezeichnet er sich in selbstehrlicher Manier als *»white trash with a PhD«*. Er verspricht ein erfülltes und glückliches Leben, wenn wir radikal ehrlich sind. Wir lügen ungefähr hundertfünfzig bis zweihundert Mal am Tag – darunter fallen auch Ironie, Untertreibungen und jene Routinen des Zynismus, die wir schon gar nicht mehr wahrnehmen.

Radical Honesty ist brutale Ehrlichkeit. Um den kommunikativen Barrieren des digitalen Zeitalters und der Oberflächlichkeitskultur zu trotzen, durchbricht man sie einfach, ohne Rücksicht auf Verluste und Scham. Aber dabei geht es nicht primär um das Beleidigen seines Umfelds und den damit verbundenen Schockeffekt. »Oh, du hast aber zugenommen, das sieht doof aus!«, fällt definitiv in die Kategorie des unnötigen Gemeinseins. In diesem Sinne wäre Dieter Bohlen in seiner Sendung *Deutschland sucht den Superstar* der Erfinder der radikalen Ehrlichkeit in Deutschland. Und der Trend wäre alles andere als neu. Wie bei der politischen Korrektheit zeigt sich auch hier: Sprache kann einen erheblichen Unterschied machen. So hätte sein legendärer Satz »Du klingst wie Kartoffelsalat« im Sinne der radikalen Ehrlichkeit in »Du hast kein musikalisches Talent, bitte komm nicht zu einer Castingshow« umgewandelt werden können. Das hinterlässt noch immer dieses unangenehm brutale Gefühl von beinharter Wahrheit, doch ohne die unnötige zusätzliche Beleidigung.

Laut Blanton gibt es kein Richtig oder Falsch, wenn man in der radikalen Ehrlichkeit unterwegs ist – sofern man Zynismus und absichtliche Beleidigungen aus der Gleichung zieht. Blanton sieht die oberflächliche Nettigkeit im alltäglichen Umgang als den zentralen Antreiber für den gefühlten Dauerstress der Gesellschaft. Seien es Ehen, Freundschaften oder auch nur die Interaktion mit dem oder der Zugschaffner:in – alle sind durchdrungen von Unwahrheiten, die uns und unsere Beziehungen belasten. In Wirklichkeit entsteht diese Dynamik aber aus einer zentralen Ursünde: dem Belügen unserer selbst. Blanton sieht darin das Urproblem unserer Kommunikation mit anderen – eben bei uns selbst.

Wir haben unbewusst davor Angst, zu viel von dem zu empfinden, was wir nicht empfinden wollen. Das ist bei jedem etwas anderes, je nachdem, welche Erfahrungen er oder sie im Laufe des Lebens gemacht hat. Wir reden immer nur darüber, wessen Interpretation der Realität die richtige ist. Dem Partner einmal sagen, was man wirklich denkt, passiert meistens nur in einem ernsten Beziehungsstreit. Aber wie wäre es auf täglicher Basis? Wenn wir zum Beispiel unserem Partner vorwerfen, was er alles falsch macht, stellen wir uns nicht unseren eigenen Gefühlen, sondern verharren in einer Interpretation von Richtig und Falsch. Das führt nirgendwohin, wir schlagen nur die Köpfe aneinander. Wenn wir hingegen benennen würden, was in unserem Körper vor sich geht, kämen wir unseren Gefühlen auf die Spur und könnten sie dem anderen mitteilen. So würden verborgene Emotionen sichtbar und damit veränderbar. Und so könnten wir Konflikte besser lösen.

Im Grunde ist Radical Honesty ein Eingeständnis des psychologischen und biologischen Determinismus, dem wir alle unterliegen. Ich reagiere wütend, traurig, grantig, genervt auf einen Reiz. Statt diesen Prozess ehrlich einzugestehen und zu kommunizieren, verstecken wir uns hinter abwertenden Floskeln. Und verweigern Kommunikation. Zum Beispiel sagen wir zu unserem hundeliebenden Partner passiv-aggressiv und leicht gehässig: »Irgendwann können wir uns sicher einen Hund zulegen« – und lesen weiter Zeitung am Frühstückstisch. Wir reden uns ein, nur schlecht drauf zu sein, weil wir zu wenig geschlafen hätten. An einem anderen Tag könnten wir sicher sinnvoll darüber sprechen. Nach dem Prinzip der radikalen Ehrlichkeit würden wir aber in genau diesem Moment mit »Dein Gerede über Hunde bringt in mir heute wirkliche Aggressionen auf, und Pudel widern mich an« reagieren. Der Erfolg wäre Klärung, sofort und direkt.

Aber geht mit einer solchen Reaktion nicht jegliche Form von Beziehung zugrunde – und alles endet in einem Beleidigungswettbewerb? Nur dann, wenn die Beziehung sowieso am Ende ist. Und dann wäre es umso mehr an der Zeit, das zu klären.

Radikale Ehrlichkeit bedeutet aber auch, die positiven Gefühle direkt herauszulassen. Von denen gibt es laut Blanton mindestens genauso viele wie negative. Die Wahrheitszensur unserer Zeit hat beide Enden des Gefühlsspektrums als zu emotional erklärt. Durch das Eingestehen einer deterministischen Reaktion auf das Gesagte bzw. Gefühlte werden Kommunikationsbahnen eröffnet, die uns mittlerweile als fast unmöglich erscheinen.

Stellt sich die Frage, ob nicht auch die Internet-Trolle dieser Welt inklusive Dieter Bohlen längst radikale Ehrlichkeit betreiben. Eine berechtigte Sorge wäre, dass in der Welt der Gefühlseingeständnisse jeder unaufhörlich seine abscheulichsten Hassposts rauslassen könnte – nach dem Motto: »So fühle ich mich eben!«

Dieses Spiel funktioniert allerdings nur in einer überkorrekten Welt, der Welt der Political Correctness. Der Kontrast wird deshalb so stark, weil viele der positiv-ehrlichen Botschaften gar nicht unsere Wahrnehmung erreichen – und nur die negativen gehört werden. Man stelle sich eine Massenbewegung der »radikal netten Trolle« vor, die die Wutkrieger:innen des Internets mit endlosen botgenerierten Nachrichten wie »Du bist ganz wunderbar so, wie du bist!« bombardieren. Aber ich schweife ab …

Radikale Ehrlichkeit ist so radikal, dass sie sich ständig selbst widerlegt. Wenn man erkennt, dass man ein arrogantes Arschloch ist, entdeckt man plötzlich seine liebenswürdigen Seiten. Und vice versa.

In vielen Ländern entstehen derzeit Therapien im Sinne von Blantons Theorie der radikalen Ehrlichkeit. Von individuellem Coaching bis Gruppenworkshops, für jeden ist etwas dabei. In den extremsten Kursen zieht man sich vor einer Gruppe von Fremden aus und lässt die eigenen körperlichen Mängel radikal ehrlich kritisieren. Findest du nicht auch, dass ich scheiße aussehe? – Allerdings. Dieses Abhärtungstraining hat leicht sektoiden Charakter und erinnert an die Schrei-Encounter-Gruppentherapien aus den Siebzigerjahren. Teilnehmer:innen berichten allerdings von erstaunlichen Umdrehungen: Plötzlich finden sich die Hässlichen schön, weil sie spontan lernen, sich nicht von anderen bewerten zu lassen.

In Zeiten der fast völlig digitalisierten Information sind Wahrheit & Ehrlichkeit dermaßen unter Beschuss, dass nur eine starke Konteroffensive irgendetwas bewirken kann. Genau hierin liegt der Zauber.

Es ist illusionär, zu denken, dass man von heute auf morgen immer ehrlich sein könnte. Dazu sind die sozialen und emotionalen Kosten zu hoch. Man muss aber auch nicht immer lügen und somit den Weg des geringsten Widerstands gehen. Allerdings kann man nach einem siebentägigen Workshop des durchgehend ehrlichen Beleidigens und Beleidigtwerdens wieder verstehen, wie kostbar, schwierig, aber dennoch lohnend Ehrlichkeit sein kann. In der Realität ist Ehrlichkeit nichts anderes als kommunizierte individuelle Wahrheit. Daraus folgt eine Befreiung von den Tücken und Verengungen der eigenen Wahrnehmung, die wir für die Wirklichkeit halten. Wir lernen sozusagen, uns nicht mehr mit uns selbst zu verwechseln. Vor allem beim Aufarbeiten der Vergangenheit kann dieses psychologische Konzept hilfreich sein. Viele der unterdrückten, längst vergessenen Traumata werden mit dem Mantra »Get over this sh*t and be happy!« überwunden.

Dort, wo es auf Wahrheit ankommt, in unseren engsten Beziehungen, ist radikale Ehrlichkeit enorm wirksam. Durch die Verbesserung unserer individuellen Beziehungen können wir aber auch unsere Beziehung zur Gesellschaft retten. Es geht um die Überwindung jenes statisch-anarchischen Zustands, in dem jeder jeden beleidigen darf und nichts daraus folgt. Trumps Wahlsieg basierte ja auch darauf, dass viele seiner Wähler:innen ihn toll fanden, weil er »sagt, was wir denken«. Hier hatten die Ehrlichkeitsunterdrückung und Überkorrektheit tragische politische Konsequenzen. Das Trauma des Verlusts einer stolzen Arbeiterklasse, des Versagens von Aufstiegshoffnungen könnte sicher von radikaler Ehrlichkeit profitieren. Sagt es laut, dass ihr angepisst und frustriert und abgefuckt seid! Aber sagt es direkt, unmittelbar und in rebellischer Absicht, ohne dafür einen grenzdebilen Clown zum Präsidenten zu machen! Zu spät? Nichts ist jemals zu spät, wenn es um die Zukunft geht!

Radical Honesty ist die positive, kuratierte Gegenbewegung zum opportunistischen, zynischen Populismus, der Ehrlichkeit als Ausrede benutzt, sich dem eigenen Frust nicht zu stellen. Ein Gegenentwurf zur Einwegskommunikation à la Twitter und TV auf individueller, zwischenmenschlicher Ebene. Denn glückliche Gesellschaften bestehen aus beziehungsfähigen Menschen. Und Beziehung entsteht nur, wenn man Illusionen, Lügen und quälende Gefühle *durchleben* und damit loslassen kann. Hier kann radikale Ehrlichkeit gerade im Generationenkonflikt unglaublich hilfreich sein – weil sie unterschwellige Konflikte an die Oberfläche bringt, austrägt und dann versöhnt. Ich würde nicht empfehlen, immer radikal ehrlich zu sein. Aber dann, wenn es wirklich um etwas geht, sind wir verdammt noch mal dazu verpflichtet. Für unsere fucking Zukunft können wir uns keine verklemmten, unausgesprochenen Konflikte mehr leisten. An die Oberfläche damit – und dann ab an die Lösung. Wenn von »da oben«, von den Institutionen, keine sinnvolle Lösung kommt, starten wir eben von unten – mit einer gehörigen Dosis radikaler Ehrlichkeit. Man muss Probleme offen ansprechen können und eventuell auch mal fluchen dürfen – siehe Buchtitel.

Nach der Digitalisierung

Wie die Vergangenheit zeigt, kann jede Technologie für Gutes und Schlechtes verwendet werden. Das Netz ist mehr als geil genug, um darum zu kämpfen. Wenn der Konflikt um das Netz gewonnen ist, kommen wir endlich in das Zeitalter der Postdigitalisierung. Somit wird dann »die Digitalisierung« als Lösung aller Probleme nicht mehr auf jeder Konferenz, in jedem Innovationsprozess hundertmal fallen, ohne wirklich etwas zu bedeuten. Unser Verhältnis zum Digitalen wird sich von der momentanen Abhängigkeit zu einer Symbiose wandeln. Wenn wir denken, die Generation Z sei schon digital sehr versiert, wird die Jugend im Jahre 2040 den Begriff Digitalisierung nicht mal mehr wirklich kennen. Vergleichbar ist es damit, wie wichtig der Generation Z die Industrialisierung ist. Nämlich genau gar nicht. Es ist selbstverständlich geworden. Als die Fabriken emporschossen, haben wir als Gesellschaft unsere Übertreibungstendenz bewiesen. Deswegen mussten Gewerkschaften und Regulationsmechanismen geschaffen werden. Hier wurde im Übrigen auch rebelliert. Ähnliches wird mit dem nervigen D-Wort namens Digitalisierung passieren. Wir werden nicht mit dem Smartphone verschmelzen, Menschen sind analoge Wesen in einer digitalen Welt. Die postdigitale Generation beginnt jetzt – initiiert durch die Coronakrise. Sie hat den digitalen Wandel erzwungen, hat uns endlich in die Welt des einundzwanzigsten Jahrhunderts befördert.

Als Gesellschaft bauen wir Systeme und Institutionen, um mit der immer höher steigenden Komplexität der Zivilisation umzugehen. Was uns am Ende des zwanzigsten und Anfang des einundzwanzigsten Jahrhunderts widerfahren ist, war eine Überholung der digitalen Technologien und somit eine Überforderung unserer Strukturen. Die rasante, exponentielle Entwicklung der Kommunikation vom Radio über TV bis hin zum Internet und (Un-)Social Media ist mit unseren Systemen nicht mehr in den Griff zu kriegen. Politische Systeme haben schon massive Schwierigkeiten, das haben wir bei den Hacker-Angriffen auf unsere Demokratien erlebt. Länder wie China oder auch der Iran nutzen unseren technologischen Fortschritt gegen die eigene Bevölkerung. Für sie ist es einfach, die Komplexität zu unterdrücken, indem sie dasselbe mit ihrem Volk machen. Der Wandel des Informationszeitalters war zu schnell, wir stecken noch in Nationalstaaten, während Digital-Giganten uns auf der Nase herumtanzen. Für das System benötigt es vor allem mehr Repräsentanz derer, die das Digitale bereits leben. Etwas mehr Menschen aus den digitalen Generationen in wichtigen Positionen außerhalb der Businesswelt wären empfehlenswert. Wenn möglich, bitte auch etwas diverser, vor allem weiblicher. Kombinieren wir das Ganze noch mit einer guten Dosis radikaler Ehrlichkeit, ist der Kuchen für einen produktiven, zielführenden Digitalgebrauch schon halb gebacken.

Es wäre fahrlässig, zu glauben, die Institutionen des zwanzigsten Jahrhunderts, die uns so viel Frieden und Wohlstand wie noch nie geboten haben, müssten völlig zerstört und neu aufgebaut werden. Sie leiden einfach unter dringlichstem Sanierungsbedarf. In dieser Metapher bleibend, haben wir versucht, mit der Feuerwehr ein überlaufendes Becken abzusaugen, statt den oder die Klempner:in zu rufen. Die Zukunft wird definitiv digital, global, egalitär und ehrlicher. Zeit, dass sich die Systeme dementsprechend vorbereiten. Mit analogen, nationalen Mechanismen wird diese steigende Komplexität nicht zu bändigen sein. Auch hier kann und wird rebelliert werden, bis sich etwas ändert – von allen Generationen.

Eine Ode an den Journalismus

Im Informationszeitalter sind die Kuratoren König. Bei der Menge an Informationen da draußen im Netz ist es wirklich schwer, selbst einen Überblick zu bewahren. Was ist für mich relevant? Der Beruf des Journalisten ist akut so wichtig wie noch nie, doch irgendwie gehen ganze Organisationen der Aufmerksamkeitsökonomie auf den Leim, verschreiben ihr fast schon ihre Seele – oder zumindest Integrität. So vermehrt sich Clickbait, zu Deutsch »Klickköder«, nach wie vor im Netz. Im Grunde nichts anderes als extrem reißerische oder überspitzte Titel, mit denen man die Neugier der Leser auf sich ziehen will. Das ist im Netz allerdings zur absoluten Perversität geworden. Oft haben die Artikel an sich so gut wie keinen Inhalt, sind nur da, um den Klick auf den Link zu garantieren. Mehr Klicks bedeutet mehr Geld für Werbung, was zu einem sehr zynischen Informationsumgang führt. Information egal, solange die Klicks stimmen.

Im Zuge der Impfkampagnen gegen die Covid-19-Pandemie gab es Negativbeispiele sondergleichen. So zum Beispiel die Geschichte eines älteren Pärchens, das nach einer Impfung sein Leben verlor. Der Mann hatte einen Autounfall, die Frau einen Herzinfarkt. Tragisch, aber völlig unabhängig voneinander. Wie lautete die Headline? Ich glaube, Sie können es sich vorstellen: »Opa & Oma sterben nach Impfung«. In welchen Onlinegruppen diese Headline ihre Runden machte, möchte ich gar nicht wissen. Die Reaktion darauf ist aber keine wirkliche Empörung, sondern eher Apathie, schreibt ja sowieso jeder seinen Schrott im Netz. Wahrheit ist das, was ich zuerst zu lesen bekomme – das ist ökonomischer Zynismus auf höchstem Niveau, wenn diese Inhalte von Journalisten:innen verfasst wurden. Wenn es eine Desinformationskampagne war, okay. Aber die zentrale Formel bleibt dieselbe, ob Bento oder russischer Geheimdienst. Negatives und Tragisches ziehen Aufmerksamkeit an – keine Frage. Nur, wie kriegen wir da den Deckel wieder drauf? Mittlerweile hat es Ausmaße angenommen, dass je nach Medienportal sich jeder seine eigene Realität so zusammenschieben kann, wie sie ihm gefällt.

So ist zum Beispiel der Fakt, dass die Gen Z ihre Nachrichten hauptsächlich auf Social Media, vor allem YouTube konsumiert, korrekt. Wenn die Boomer so was hören, fühlen sie sich sofort bestätigt in ihren Generationen-Verdummungsklischees. Denn sie sind mit der guten Zeitung aufgewachsen, nur der kann man bekanntlich vertrauen. Hier sind allerdings zwei Dynamiken im Spiel. Natürlich wird journalistischer Medienkonsum digitaler. Einfacher zu verdauen, besser für die Umwelt, jederzeit verfügbar. Gleichzeitig erreichen die klassischen Journalisten:innen die Zielgruppe der Jüngeren viel schwieriger. Auch die qualitätsvollen Nachrichtenhäuser dieser Welt haben ein bisschen Überholungsbedarf. Dass die meisten »Jugendportale« nicht so ganz klappen, ist bekannt – Rezo lässt grüßen. Meist fühlen sie sich an wie für die Karikatur eines Jugendlichen gemacht. Wenn diese nicht ernst genommen werden, weichen sie auf YouTube zu ihren Altersgenossen aus. Gefangen im unsichtbaren Generationenkonflikt, haben die klassischen Medienhäuser es vielleicht vernachlässigt, sich anzupassen – oder zumindest generationsmäßig zu diversifizieren. Diese Lücke haben dann die Schrottmedien besetzt. Ähnlich wie der moderne Populismus nicht ein Haufen Genies ist, sondern eher eine klare Lücke der etablierten Politik ausnützt, passiert im Feld des Journalismus gerade dasselbe.

Ich habe riesigen Respekt gegenüber Journalisten:innen. Vermutlich wäre ich gerne einer geworden. Es gibt so verdammt geile investigativjournalistische Reportagen, die sich besser und realer lesen als jegliches sonstige Medium. Die Entdeckung und Offenlegung der Welt und ihrer Komplexität, der Blick hinter die Schatten und über den Tellerrand ist nicht nur wichtig, sondern auch richtig spannend. Das beste Mittel gegen Korruption sei Licht, sagte einst ein österreichischer Politiker. Wie wollen wir alte, verkrustete Systeme aufbrechen, wenn wir nicht verstehen, wie sie wirklich funktionieren? Zugleich ist es schon sehr bezeichnend, dass die »Late-Night-Show«-Welt von Jon Stewart bis hin zu Jan Böhmermann diese Funktion teilweise besser übernimmt als viele klassische Medienhäuser. Infotainment zieht in einer Welt, in der alles als nur schrecklich und negativ gewertet wird, mit einer Prise Humor einfach besser und ist auch Jugend-kompatibler. Kein Wunder, dass all diese Inhalte audiovisuell so gut funktionieren. Die politischen Assoziationen und Verzankungen der verschiedenen Medienhäuser helfen mit, denn Comedians sind tendenziell eher apolitisch. Sind einfach dafür, dagegen zu sein, und dabei bringen sie einen sogar noch zum Lachen. Insofern ist es vermutlich an der Zeit, den Beruf des Journalismus zu resozialisieren. Allein was sich auf Twitter an selbstgefälliger Kreiswichserei abspielt, ist befremdend. Über Informationsblasen zu berichten und dann selbst dazu beizusteuern, ist schon ein besonderes Level an mangelnder Selbstreflexion. Eine simple Lösung gibt es leider nicht. Da Journalisten:innen die inhärente Aufgabe haben, Missstände aufzuzeigen, wandelt sich auch ihre Wahrnehmung der Welt dementsprechend. Oft ist es gar nicht mal nur Clickbait-Zynismus, sondern das legitime Gefühl, dass alles immer schlechter wird. Ein kleiner, feiner Anfang wäre so etwas wie ein Hypokritischer Eid für die journalistische Profession. Dann gäbe es zumindest einen Standard, an dem man sich orientieren könnte, statt nur die Dominanz von Klicks. Quantität ist in diesem Feld nicht gleich Qualität – auch wenn das ökonomische Realität sein mag. Sie sollten eigentlich die Übersetzer der Welt da draußen für uns sein, uns mit unangenehmen Wahrheiten konfrontieren. Nicht weil es uns aufgeilt, über die Tragödien anderer zu lesen, sondern um Probleme zu beheben. Für einen supranationalen Presserat ist die Welt vermutlich noch nicht bereit. Allerdings war es schon spannend zu sehen, wie in den Anfangszügen der Pandemie alle zu ihren öffentlich-rechtlichen Informationsquellen zurückliefen. Wenn es ernst wird, scheinen wir doch zu wissen, wie viel Schrott wir uns täglich online reinziehen und wo gesicherte Quellen liegen. Und siehe da, die geringere Bindung an Profit und Umsatz dieser Institutionen führt zu einer wesentlich besseren Qualität. So sind ORF, ARD, BBC und wie sie noch so alle heißen ein nationales Vorzeigebeispiel für ernst zu nehmenden Journalismus. Könnten wir sie nicht in einer höheren, internationalen Instanz vereinen? Für diese Diskussion sind wir noch nicht bereit. Nur wieder ein kurzer Reminder: Wenn es globale Probleme gibt, brauchen wir globale, internationale Institutionen, die diese lösen und schlichten. Dass Fehlinformation eine der größten Bedrohungen der Moderne ist, steht wohl außer Frage. Wieder einmal wäre die Lösung nicht ein Zerstörungsprozess, sondern eine Adaption und Vernetzung bereits bestehender Strukturen. Aber fangen wir doch lieber im Kleinen an. Im Digitalzeitalter ist die Funktion von Journalismus so wichtig wie noch nie. Wie wäre es für den Anfang mit: »Ich schwöre, mir sind die Klicks egal.«

Aber auch von Konsumentenseite ist ein neuer Umgang

nötig, denn am Ende des Tages folgen Journalisten eben dem, was Geld macht. Man muss ja die Familie ernähren, irgendwie das Vollkornbrot und Hummus auf den Tisch bringen. Wenn uns bewusst wird, wie das ganze Spiel funktioniert, können wir vielleicht etwas achtsamer Medien konsumieren. Vielleicht auch ein bisschen das Ego unter Kontrolle kriegen, unsere Aufmerksamkeit ist wichtig, wir haben sie selbst in der Hand. Durch meinen Medienkonsum gestalte ich ihn mit, habe Wirkung und Handlungsfähigkeit. Dann geht die Welt zumindest ein bisschen weniger den Bach runter.

Was sich zu digitalisieren lohnt

Obwohl das soziale Zerbröseln im Netz, die Journalismuskrise und die Konsequenzen für die Gesellschaft uns als Thema lange beschäftigen werden, sind dies nur Teilbereiche der Digitalisierung. Vieles, vor allem in der Businesswelt und Industrie, wurde erfolgreich zum Besseren digitalisiert. Leider gibt es für Endkonsumenten:innen nicht ganz so viele tolle Produkte, wie man sich wünschen würde. Oft geht das Ganze mit der Integration in die Gesellschaft schief. Der Friedhof an schrottigen Digital-Gadgets von Google Glasses bis Segway ist groß – und notwendig. Irgendwer muss den ganzen Mist ja auch ausprobieren. Nur muss das immer ich sein? Die Early Adopter von neuen Technologien und Geräten können es doch gerne für uns ausprobieren, sodass wir nicht unser hart verdientes Geld in ein Produkt stecken, das nach spätestens einem Monat sein Ende im Keller findet. So ist der Versuch, menschliche Beziehungen zu digitalisieren, weit schwieriger als zum Beispiel einen Toaster, Kühlschrank oder Wasserkocher. In der Zukunft nach Corona wird uns immer mehr digitaler Unfug über den Weg laufen, der in produktevolutionären Sackgassen verenden wird. Sosehr ich mich auch schon auf die digitale Gabel oder Bratpfanne mit dazugehöriger App freue, sosehr habe ich das Gefühl, es gibt bessere Möglichkeiten für die Digitalisierung. Soll nicht heißen, dass es in Nischenfällen nicht auch hier sinnvolle Anwendungen gäbe. Es existiert bereits eine Gabel, die Menschen mit neurologischen Problemen hilft, zu essen. Und für die Gordon Ramseys dieser Welt ist die smarte Pfanne vielleicht ein interessantes Gadget. Oft wird aber eben die Massentauglichkeit vollkommen überschätzt. Es lohnt sich ein Blick hinter die Kulissen, um zu schauen, wie die Wurst der Digitalinnovation meistens gemacht wird und weswegen so wenige Produkte wirklich nachhaltig wirken. Die Schnittstelle zwischen Neuem und Wertvollem ist relativ klein.

Vor allem in der Haushaltstechnologie ist es eine Plage, jeden Monat kommt der neueste Schrei raus. Haben Sie einen smarten, digitalen Kühlschrank, oder steuern Sie Ihre Heizung und Beleuchtung mit einer App? Wenn ja, sind Sie vielleicht einem neuen Phänomen auf den Leim gegangen, der sogenannten Löseritis. Heutzutage bauen Unternehmen Probleme auf Lösungen, die es gar nicht gibt, und wir kaufen diese sogar. Obgleich diese Dynamik bereits vor der Digitalisierung anzutreffen war, ist sie nun wahrhaftig explodiert – vor allem durch die Möglichkeit, sich das Gerät ganz schnell online zu bestellen, sodass es möglichst bald seine gediegene letzte Ruhestätte im Keller oder auf dem Dachboden finden kann.

Das Ganze läuft in drei Phasen ab. Zuerst wird ein bereits bestehendes Produkt digitalisiert, einfach weil man es kann – zum Beispiel ein Toaster. Den kann man mit dem Smartphone steuern, sehr beeindruckend und dementsprechend teuer.

Dann merkt der Produzent aber langsam, dass das Produkt keinen inhärenten Mehrwert für Endkunden:innen hat. Im Ende ist das Stück Brot eben getoastet, nicht mehr, nicht weniger. Also beginnt Phase zwei, das Marketing. Alles an Werbebudget wird hineingebuttert, mit der Aufgabe, Endkunden:innen einzureden, wie dringend er doch besagtes Smart-Gerät braucht. Das funktioniert genau so lange, dass man die produzierte Ware noch verkauft kriegt. Folgt der letzte Schritt, indem man es still vom Markt zieht und sich über die Profite freut. Dann kann der Prozess wieder von vorne beginnen.

Hoffentlich hat die Corona-bedingte Zeit zu Hause uns geholfen, auszusortieren, welche Gadgets wirklich Sinn machen und welche nur Abzocke sind. Am Ende landen fünfundneunzig Prozent davon sowieso auf der Halde. Wenn wir nicht daraus lernen, wird die Löseritis zu einer chronischen Krankheit – noch eine brauchen wir wirklich nicht.

Für die Technolution, den evolutionären Prozess, der bestimmt, welche neuen digitalen Produkte sich langzeitig durchsetzen, ist die Löseritis nicht unbedingt von Vorteil. Die großen Werbekampagnen verzögern das Absterben eines Produkts so lange, dass es gelegentlich eine parasitäre Rolle einnimmt. So sind Alexa & Co. für viele Menschen nicht mehr wegzudenken, aber eigentlich die ganze Nummer nicht wert. Klar, es ist *nice*, ihr zu sagen, sie solle »Despacito« spielen. Aber dass die Datensammlung, die durch das kleine, unscheinbare Gerät passiert, an eine Dystopie direkt aus Hollywood gemahnt, ist uns egal. Denn wir sind an Löseritis erkrankt. Die Selbstdiagnose ist zum Glück nicht schwer. Wenn Sie ein »cooles« Gadget also dank der Internetalgorithmen empfohlen kriegen, sollten Sie sich die Frage stellen: Ist es wertvoll *und* neu oder nur eines von beiden?

Die Schnittfläche ist das, was wahre Innovation ausmacht – der Rest ist Geld- und vor allem Zeitverschwendung. Man muss nicht bei jedem Hype mitmachen. Zurücklehnen, abwarten und dann entscheiden, kann ganz beruhigend wirken. Die ewig gesuchte Achtsamkeit besagt ja, die Kontrolle über die eigene Aufmerksamkeit zurückzuerlangen. Zukunft entsteht nicht dann, wenn alles, was digitalisiert werden kann, endlich digitalisiert ist. Sie entsteht, wenn wir Zeit für mehr Menschliches schaffen. Die Zukunftsvision kann nicht sein, uns endlich von unserem haptischen Dasein zu befreien, sondern es zu verbessern. Das gilt für Gadgets sowie das Internet. Smart Tech kann auch Low Tech sein.

Kapitel 4

Generation Corona

Nach unseren Jüngsten, der Generation Z, beginnt vermeintlich nun die Generation Corona. Wenn man nach dem Alphabet geht, ist die Gen C fast als eine Regression zu verstehen. Boomer, X, Y, Z und jetzt zurück zu C, quasi an den Anfang? Keine Sorge, das wird nicht der Fall sein. Ich definiere die Mitglieder der Gen C als diejenigen, die *nach* der Coronakrise geboren wurden, sie aber nicht persönlich erlebt haben. Sie werden die Welt nach unserer kathartischen Pandemie neu entdecken. Aber das gesellschaftliche Versprechen, die nächste Generation würde es besser haben als die vorherige, scheint weitgehend unerreichbar. Was für Y & Z schon fast unmöglich war, ist für C komplett außer Reichweite gerückt. In den uns so lieb gewonnenen Wachstumsparametern wie Vermögen und Einkommen gibt es kein Aufholen mehr. Die Generation Corona wird es leibhaftig erfahren: Haben wir aus der Krise gelernt, oder sind wir zurück in die Welt vor Corona gerutscht?

Es beginnt mit einem Husten, der zu einer rapiden Verschlechterung der Gesundheit bis hin zu Fieber und eventuellem Tod führt. Ein fremdartiges, neues Virus ist auf der globalen Bildfläche angekommen. Zuerst können wir es kaum glauben und tun so, als wäre nichts, nicht hier im Westen. Nationalistische Regierungen streiten die Existenz ab, und wenn es doch so ein Virus gäbe, dann würde es sicherlich nicht *ihr* Land erwischen. Der Staat schützt ja seine Bürger:in – und überhaupt ist das Ganze nicht viel schlimmer als ein Husten. Neutrale Beobachter:innen meinen, es gebe möglicherweise doch eine ernst zu nehmende Gefahr, aber diese Warnung geht im Konflikt unter. Langsam wird es dennoch Realität, der öffentliche Raum muss auf Eis gelegt werden, um die Übertragung zu hemmen. Masken und Social Distancing werden verordnet. Manche Idioten:innen weigern sich. Durch das Leid und das Einfrieren der Gesellschaft kriegt die Wirtschaft ordentlich was ab. Das ist ganz und gar nicht gut. Die Spanische Grippe im Jahre 1918, auch bekannt als die vergessene Pandemie, war schon wahrlich erschreckend. Daraus gelernt wurde gesellschaftlich leider relativ wenig. Es gab keinen großen Generationenkonflikt, Werte blieben gleich, und wir zerstörten fast die Zivilisation im Zweiten Weltkrieg. Bitte verwechseln Sie sie nicht mit der Coronakrise des Jahres 2020, dieses Mal hatten wir zum Glück aus der Geschichte gelernt. Es wurde gekämpft, rebelliert und anschließend solidarisiert, um die nächste, noch beschissenere Kalamität zu vermeiden.

Die Coronakrise kann als Ende der Welt gesehen werden, als der Beginn einer ewigen Aufholjagd inklusive dem anschließenden Versuch, unsere Welt von »damals« zurückzuerobern. Das wurde im zwanzigsten Jahrhundert bereits ausprobiert und endete wie erwähnt in einer noch größeren Katastrophe. Ohne eine ehrliche Auseinandersetzung damit könnten wir verdammt sein, die Geschichte zu wiederholen. Oder sie ist der Inkubator für den Zeitgeistwandel, den wir schon lange nötig haben – jetzt sofort. Unsere historischen Erfahrungen mit Pandemien sollten uns eigentlich optimistisch stimmen, sie waren bis dato immer von fantastischen Zeiten des Aufschwungs gefolgt, wenn auch mit etwas Verzug. Aber unseren primitiven Instinkten fehlt diese Form der Zukunftsreflexion. Ähnlich wie die Boomer die Welt nach der Zerstörung der Weltkriege brillant wiederbelebten und sie maßgeblich verbesserten, kann die Coronakrise eine ähnliche Perspektive bieten. Mit wesentlich weniger Toten – viraler und kriegerischer Art. Es lohnt sich zu untersuchen, welches Veränderungspotenzial in diesem scheinbaren Weltuntergang schlummert, wenn wir uns von unseren Ängsten befreien. Vergessen oder umsonst wird diese Pandemie nicht gewesen sein.

In den Generations- und Wertekonflikten hat sie zu einer Beschleunigung geführt – wir mussten uns auf einmal mit unserer Gesellschaft als Ganzes auseinandersetzen. Egal, welches Alter wir auf dem Meldezettel stehen hatten oder welche Werte uns prägten, es gab eine Zeit der Corona-Solidarisierung rund um den ersten Lockdown, als die Seuche noch komplett neu und beängstigend war. Für die davor überkochenden, öffentlich ausgetragenen Generationenkonflikte war das eine wunderbare Erfahrung. Man meldete sich wieder bei Oma und Opa, telefonierte regelmäßig mit seinen Eltern, es war ein harmonischer, intergenerativer Ausnahmezustand. Nur, wie geht es jetzt weiter? Ziehen wir uns langsam wieder in unsere eigenen Interessenfelder zurück? Kehren alte Konflikte unter die Oberfläche zurück? Mitnichten, es wird ein neues Generationsgefüge entstehen, das unsere einstigen Trennungen endgültig besiegt. Die Generation Corona wird eine Generation, die keine ist. Sie wird eine Einstellung, eine Wertestruktur, die für eine gemeinsame, intergenerative Zukunft steht. Das Ende der Scharade des Alters. Mir doch völlig egal, wann wer gezeugt wurde. Von X, Y, Z zurück zu C wäre nicht nur in der alphabetischen Reihenfolge eine Regression, sondern auch in der Gesellschaft.

Ein Moratorium für die Welt, wie wir sie kannten

Vielleicht haben wir alle zu viele Netflix- und Hollywood-Untergangsfilme geschaut. Radikaler Wandel wird generell durch Zombies visualisiert, durch brennende Städte und riesige Fluten, die alle Hochhäuser zerstören. Wieso auch immer, aber wir lieben diese fantastischen Apokalypsen, in denen die Welt, wie wir sie kennen, krachend zugrunde geht.

In der ursprünglichen griechischen Bedeutung liegt das Wort »Apokalypse« näher an »Offenbarung« oder »Enthüllung« und weniger an der völligen Zerstörung, die wir damit assoziieren. Wir gehen davon aus, dass die einzige Chance, unsere überbeschleunigte Welt zu bremsen, in einem totalen Systemkollaps besteht. In diesem Sinne ist Covid-19 vielleicht nicht ganz die Krise, die wir erwarteten, aber vielleicht die, die wir dringend brauchten. Die Coronakrise zeigt uns Risse und Spannungslinien in unseren Systemen auf, sie enthüllt Schwächen oder Disparitäten, an die wir uns gewöhnt hatten und die wir für unveränderlich hielten. Sie demonstriert uns all das fast ganz ohne Gewalt oder totalen Zusammenbruch: auf eine stille, fast bescheidene Art. Eine Art Un-Apokalypse eben.

Wie uns die zyklische Natur der Geschichte zeigt, sind wir verdammt, sie zu wiederholen, wenn wir nicht aus ihr lernen. Sie spielt sich zwar nie exakt gleich ab, hat aber doch eine ähnliche Melodie. Wir stehen derzeit am Anfang des Endes des Generationszyklus der Babyboomer. Generationszyklen beginnen üblicherweise mit massiven, weltverändernden Krisen. Ein paar Beispiele: die große Depression in Amerika, der Zweite Weltkrieg, die Amerikanische oder Französische Revolution. Und, wenn wir es nicht besser machen, die Millennium-Krise. Die Zyklen folgen dann den vier Jahreszeiten, wie in der Natur, und definieren dabei den jeweiligen Zeitgeist – um letztlich in der nächsten großen Kalamität zu enden.

Folgen wir also den Jahreszeiten der nun dominanten, längst zum Meme gewordenen Babyboomer.

Euer Frühling war der Wiederaufbau nach der totalen Zerstörung der Weltkriege. Neue globale Strukturen wurden errichtet, um die Rückkehr der Kriege und die Zerstörungen, die sie mit sich brachten, zu verhindern. Die Welt lag euch zu Füßen – wenn auch etwas ramponiert.

Euer Sommer war die Hippiebewegung – die Rebellion! Wie es in dieser Jahreszeit typisch ist, waren die Nach-Krisen-Organisationen zu rigide und autoritär, die Sehnsucht nach Freiheit, Gleichheit und Individualisierung brach sich Bahn. Freie Liebe, Frieden, mehr Sex, rettet den Planeten! Wunderbar.

Euer Herbst war weniger rosig. Die Kulturkriege nach Vietnam ließen die erkämpften Ideale verblassen. Als die Blätter fielen, triumphierte Individualismus über die Gemeinschaft, die Gesellschaft änderte sich. Aber diese Veränderungen konnten sich nicht bewähren. Pluralismus und Heterogenität führten zu wachsendem Chaos.

Euer Winter ist der Winter aller. Die Ökonomie war überladen und überlastet von sturem Individualismus, der zu einem machiavellihaften Egoismus an der Spitze der Pyramide führte. Neuigkeiten wurden ersetzt durch Echokammern, sogar die persönliche Kommunikation wurde mehr und mehr polarisiert und digital zerfasert.

Die Generationen Y + Z hatte ebenfalls keine gute Zeit. Verdrossenheit gegenüber einem System, das viel zu egozentrisch geworden war, wurde »Faulheit am Arbeitsmarkt« genannt, digitale Affinität mit Sucht gleichgesetzt, Versuche, die Welt zu verändern, als naiv gewertet. Allerdings waren die Krisen, die die Millennials erlebten, wesentlich abstrakter als die Zerstörungen des zwanzigsten Jahrhunderts. Es wurde akzeptiert, dass eine inflationäre Ökonomie alle zehn Jahre einen massiven Crash hinlegt. Die Jungen wurden Zeugen mindestens zweier solcher Krisen, die weit entfernt in den Elfenbeintürmen der New Yorker Börse begannen, uns aber nie so direkt betrafen wie die heutige Un-Apokalypse.

Nehmen wir einmal an, die Coronakrise sei der Beginn des nächsten Generationszyklus. Diese Krise verändert uns alle auf einer persönlichen, greifbaren Ebene. Generation Z war die letzte Generation vor dem »Großen Reset« – okay für mich, wir waren ja sowieso am Ende des XYZ-Alphabets angekommen. Die vier Jahreszeiten der nun beginnenden Generation Corona werden nicht dieselben sein, aber es erklingen bekannte Melodien.

Versuchen wir uns an einer kleinen mentalen Übung, bei der wir aus dem Jahr 2060 zurückschauen, wenn die Generation C etwa vierzig Jahre alt ist …

Ihr Frühling galt der Reparatur des globalökonomischen Systems, aber hoffentlich nicht in derselben überbeschleunigten Weise. Ein Zusammenbruch alle paar Jahre war einfach nicht mehr ertragbar. Es gab einen instinktiven Rückzug in den Nationalstaat, um mehr Kontrolle über die eigenen sozioökonomischen Systeme zu erlangen. Hände schütteln wurde plötzlich seltener.

Ihr Sommer war konsequenterweise eine Rebellion gegen die starre re-nationalisierte Weltordnung. Die nächste Krise würde in ihrer Natur global sein und mit voller Wucht kommen. Sie verbanden die Welt wieder, diesmal mit realen sozialdigitalen Strukturen. Keine Echokammern mehr, keine Fake News.

Ihr Herbst war heißer als erwartet. Während sie die Welt wieder zusammenführten und versuchten, sich selbst zu finden, vergaßen sie, die Institutionen zu adaptieren. Klingt bekannt? Die Jugend des Jahres 2050 rief es von den Dächern herunter, aber die Generation C war zu sehr mit ihrem eigenen Leben beschäftigt. Plötzlich stand die globale Krise, die die Generationen Z & C vorausgesehen hatten, direkt vor der Tür. William Gibson, der geniale Boomer-Sci-Fi-Autor, der auch den Begriff Cyberspace erfand, nannte diese akkumulierte Krise, die nun folgt, den Jackpot. Alle Krisen und Katastrophen aufeinandergetürmt. *Big, big mess, bigger than Corona.*

Nun sind wir im Jahre 2060 angekommen. Ihr Winter hat wenig Schnee, aber einer Rezession folgte der Dritte Weltkrieg – dieses Mal fast ausschließlich im Cyberspace. Mit Klimaflüchtenden überall quälte die Furcht vor einer globalen Pandemie erneut die Menschheit. Die stärksten Nationen taten sich zusammen, um es ihren Bürger:innen zu ermöglichen, die Erde zu verlassen. Mars *first,* dann der Asteroidengürtel, schauen, was am Jupiter noch geht, und weiter hinaus ins Sonnensystem. Das Space-Age hat endlich begonnen, mal sehen, wer zuerst da ist. Elon Musk, lebensverlängert, wird uns sicherlich helfen.

Dieses Szenario ist natürlich lediglich ein mentales Experiment zur Selbsterkenntnis. Es folgt dem zyklischen Modell von Strauss-Howe und M. Hopf, der die wiederkehrenden Muster der Geschichte in etwa so beschrieb: Harte Zeiten erzeugen starke Männer. Starke Männer erzeugen gute Zeiten. Gute Zeiten erzeugen schwache Männer. Und schwache Männer erzeugen harte Zeiten.

Aber die Covid-19-Krise ist, wie bereits gesagt, nicht eine der »wirklich harten Zeiten«, wie sie die Menschheit immer wieder durchlaufen hat, dafür ist sie eben zu un-apokalyptisch. Wenn wir sie mit den anderen Pandemien der Geschichte vergleichen, wie der Pest oder der so toll gebrandeten Spanischen Grippe, haben wir das Ganze eigentlich gut überstanden. Wir waren bereit, Opfer zu bringen, um Menschen zu retten. Dank Wissenschaft und einer doch zum Großteil sehr empathischen Bevölkerung haben wir ein wirklich massives Menschensterben verhindern können. Das Leid jeder Person, die jemanden an Covid-19 verloren hat oder selbst schwer erkrankt ist, soll nicht heruntergespielt werden. Aber im historischen Vergleich haben wir uns gut geschlagen, haben Wirtschaft statt Menschen geopfert. Das war sogar für Zyniker:innen und Misanthropen überraschend. Zum Glück sind es nicht mehr nur die Männer, die die Zukunft heutzutage definieren. Was Frauen schon lange können, schätzen wir nun auch, wir wenden es sogar an: Zwischenmenschlichkeit. Wenn es etwas gibt, was an der jungen Generation auffällt, dann, dass der massive Zugang zu Kommunikation, Information und Wissen sie zum Besseren verändert hat. Auch wenn sie von ökonomischen Krisen und Ungerechtigkeiten gebeutelt werden, tendieren die sozialen Werte der Jungen zu Toleranz und Diversität. Sie verstehen sogar (meistens), dass uns unsere Unterschiede resilient machen.

Wir sind alle Teil der Generation Corona. Ihr Boomer, wir Jungen, die vergessene Generation X und die neuen Kids nach der Krise. Alle. Schon vor der Krise konnte man Menschen kaum anhand von Alter definieren, sondern durch Werte und Lebensstile. Wir brauchen keine komplette Zerstörung, um unsere Richtung zu verändern – eine bescheidene Un-Apokalypse reicht schon aus. Wie wenn die Aliens endlich angreifen – ein simpler Virus kann denselben Komplexierungs-Job übernehmen.

Wenn wir zurück ins zwanzigste Jahrhundert blicken, dann haben wir uns heute weitgehend von Rassismus und Sexismus befreit. Nahezu auch von Kulturalismus, und wir werden hoffentlich auch den Generationalismus überwinden – die vorletzte Bastion der sozialen Spaltungen außer Arm und Reich. In dieser Hinsicht könnte die gegenwärtige Un-Apokalypse als ein Segen in Verkleidung erscheinen. Die humane Evolution wurde immer durch die Überwindung scheinbar unveränderbarer Verhaltensmuster vorangetrieben. Wir werden das Mühlrad der Geschichte zusammen anhalten. Oder zumindest die verschiedenen Melodien der Generationen zu einer Symphonie vereinen.

Noch haben wir nicht ganz gelernt, wie wir wirklich intergenerational miteinander harmonieren können. Die anfängliche Corona-Solidarität war ein guter Anfang, ist aber in der Intensität nicht zu halten. 2040 wird die Jugend dieser Zeit ihre Eltern bitten, ihnen von der großen »Corona-Katharsis« zu erzählen. In die Zukunft schauend, gibt es hier zwei Antwortmöglichkeiten.

Wir werden entweder mit einem leicht nostalgischen Ton sagen: »Mein Kind, manchmal muss man eben krank werden, um wirklich zu gesunden.« Oder aber: »Es war eine erschreckende und ungewöhnliche Situation. Doch nach zwei Jahren war alles wie vorher.« Bei Szenario zwei werden sie uns empört anstarren und uns zur Rede stellen. Wie konnten wir nur nicht daraus lernen?!

Die Aufgabe der Generation Corona wird es sein, das optimistische Szenario mit Leben und Energie zu füllen. Wir dürfen nicht vergessen: Da sie erst jetzt geboren werden, dauert es noch, bis sie die Welt von morgen prägen können. Dafür dann umso mehr. Eine kleine Chronologie:

- 2030 wird diese Generation Schulen besuchen, in denen digitaler und analoger Unterricht nahtlos ineinander übergehen und die Lehrerinnen und Lehrer für ein persönliches Coaching online gut erreichbar sind. Sie wird Nutznießer dessen sein, was man vielleicht den »Post-Corona-Innovationsboom« nennen wird.
- 2040 wird diese Generation langsam in ein Arbeitsleben hineinwachsen, das sich völlig gewandelt hat. Die »Festanstellung« ist Geschichte und ebenso das Ausbeutungspraktikum. Kreatives Lernen ersetzt das, was wir früher »Arbeit« nannten. Das Berufsleben wird offener, vielfältiger und »talenthafter« sein, ausgerichtet an den jeweiligen Stärken und Lebenssituationen. Es wird nach wie vor Jobs geben, die durchaus anstrengend und nicht so stark individualisierbar oder digitalisierbar sind. Aber diese müssen dann verdammt noch mal entsprechend entlohnt werden. Vermutlich niemand will von einem Roboter gepflegt werden, aber die menschlichen, empathischen Pflegerinnen und Pfleger werden für ihre humane Tätigkeit nicht mit Hungerlöhnen abgespeist, nicht aus anderen Ländern ein-

geflogen und auch nicht mehr Sechzig-Stunden-Wochen hinlegen müssen.

- 2050 wird diese Generation an den Schlüsselstellen der postfossilen Wirtschaft auftauchen und die große Wende vollenden, in der die globale Erderhitzung endgültig abgeflacht wird – so wie dreißig Jahre zuvor die Viruskurve. Roboter werden dann bessere Roboter sein. Und Menschen humanere Menschen.

Nachhaltigkeit

Das Zeitalter der Neo-Ökologie beginnt nun wahrhaftig. Das Fridays-for-Future-Gefühl vereint uns mit den Generationen, die noch kommen werden, auch wenn wir sie nicht mehr »Generationen« nennen. All das, was zur Rettung des Klimas unmöglich erschien, war im echten Krisenfall auf einmal machbar. Wirtschaft herunterfahren, weniger Reisen, Konsum reduzieren. Dank Corona sind Krisen in der Moderne nicht mehr abstrakt. Weder soziale Intelligenz noch technologische Innovation allein werden die Welt abkühlen. Was es braucht, ist, wie so oft, eine Mischung aus beidem.

Corona hat uns alle ins selbe Boot geworfen. Doch wir haben nicht die Plastikstrohhalme aus den Ozeanen gefischt, um sie wieder mit Einwegmasken und Latexhandschuhen zu füllen. So viel steht fest.

Die Fridays-for-Future-Bewegung hat gekämpft, solange es nur irgendwie ging. Aber die Realität des Alltags kam doch irgendwann um die Ecke. Zum Glück gab es dann Unterstützung von Corona – nicht die Krise, die wir wollten, aber vielleicht die, die wir brauchten. Ohne die Pandemie wäre Fridays for Future womöglich einfach als kurze Jugendrebellion abgestempelt worden. Zu einem gewissen Grad führte hier der Zufall einer Pandemie zu unglaublichem Veränderungspotenzial. Dieses Glück hatte die Hippie-/Achtundsechziger-Bewegung nicht. Insofern könnten Boomer und Zoomer zueinanderfinden. Wir, die Gen Zler, haben durchgesetzt, was bei euch nicht ganz klappte. Nicht weil wir besser waren, sondern weil wir eben unerwartete Hilfe erhielten. Insofern kann man getrost sagen: Auch wenn wir sonst nichts anderes aus der Krise mitnehmen, das Klima hat eine Chance, wir haben uns zumindest Zeit gekauft. Nachhaltigkeit, Ökologie, grünes Hippie-Zeug, egal, wie man es nennen mag, es hat sich durchgesetzt. Die schlauen Staaten und Businesses wissen, dass die Zukunft grün wird. Sonst machen die Bürger:innen und Kunden nicht mehr mit, dann geht die Jugend im schlimmsten Fall wieder auf die Straße, nur werden dann Autos brennen. Sie stellen jetzt die Weichen, um nicht nur ökologisch mit der Gesellschaft kompatibel zu werden, sondern auch nachhaltig zu wirtschaften. Auch wenn viele dachten, die Welt könne nur durch das übliche Benzinsaufen wieder auf das Niveau von vor Corona aufgebaut werden, wird sich das nicht bewahrheiten. Spätestens die Generation Corona wird das nicht erlauben, denn es stünde gegen die Werte, die sie vertritt. Wie bereits endlos abgeklärt, das werden wir, Boomer bis Generation C, uns nicht mehr gefallen lassen. Wir sind aber dennoch auf der Suche nach einem Credo, das nicht zu sehr nach Verzicht klingt. Muss es auch nicht, die Zukunft wird eine Welt der Fülle.

Der große Joke der Erdöl-Lobby und ihrer Komplizen war es, dem Individuum bzw. Konsumenten die Verantwortung für die Erderwärmung unterzujubeln. Shell, der sechstgrößte Verschmutzer der Umwelt, hat mit Kampagnen dieses Image maßgeblich gepusht. Anstatt bei sich selbst die Verantwortung zu suchen, haben viele der Erdölgiganten das Ganze einfach auf uns übertragen. »Du Böser hättest doch Bio kaufen können!« – *»Check your carbon footprint!«* Das ist kein Business-Bashing, das ist Fakt. Mit solch einem Micro-Consumer-Bullshit wird die Mutter aller Krisen nicht gestoppt werden können. Die Coronakrise hat uns gezeigt, dass individuelle Verantwortung zwar durchaus wichtig ist, aber nur, wenn die Rahmenbedingungen des Systems diese auch ermöglichen. Nur so funktioniert Wir-Kultur, wenn sie gelingen soll. Es geht eben lediglich mit einer Symbiose zwischen den Akteuren:innen. Dieses »Du bist schuld, verändere doch deinen Konsum«-Mindset hat uns alle geprägt. Klar sollen wir recyceln, mehr mit dem Fahrrad fahren und nicht ganz so viel Schrott kaufen, keine Frage. Aber das System, das uns die Schuld zuschreibt, lebt gleichzeitig davon, dass wir so viel wie möglich konsumieren. Wenn das kein Interessenkonflikt par exellence ist.

Als ich mit dem Philosophen Richard David Precht in Düsseldorf bei einem Kaffee saß und genau dieses Thema besprach, fiel es mir wie Schuppen von den Augen. Ich war einvernommen von genau diesem Mindset, dass nur *ich* den Wandel herbeiführen könne. Dass es ohne Verzicht nicht möglich sei, wir als Menschheit haben es einfach übertrieben. Technologische Innovation schön und gut, aber das dauert doch alles zu lange, das geht sich nicht mehr aus. Im Hier und Jetzt bei mir, da kann ich schon loslegen. Noble, selbstverherrlichende und unrealistische Einstellung, sicherlich geprägt von meiner jugendlichen Naivität. Als Precht zu mir sagte: »Warum nicht beides?«, fühlte ich mich wie ein richtiger Idiot. So tief war ich versunken in der

Selbstpeinigung, der eigenen Schuldzuweisung (ich war auch noch dorthin *geflogen*, ich Klimasünder), dass ich schon akzeptiert hatte, dass die Hegemonie hier nichts beitragen würde. Wir hatten rebelliert, und es war gefühlt nichts passiert. Dabei muss die Zukunft aus genau beidem bestehen: Verzicht und Fülle. Individuum und Gesellschaft. Mehr gute Technologie, weniger sinnloser Konsum. Was wieder wie ein Widerspruch klingen mag, ist eigentlich keiner. In der Paradoxie entsteht die Zukunft.

Auf der Technologie-Front tut sich viel. Es ist klar, wir müssen weg vom Benzin & Co. Es steht für mich außer Frage, dass wir in fünfzig Jahren nicht mehr mit demselben Antrieb fahren, fliegen und verpacken werden wie noch vor hundert. Der technologische Fortschritt ist so rasant, es ist wirklich selbstgefällig zu denken, wir trinken den Planeten leer, und dann geht die Welt unter. In meiner Kindheit wurde prognostiziert, dass der nächste Weltkrieg über genau dieses Schwarze Gold begonnen werden würde. Die Erdölpreise würden ewig ansteigen, die Nachfrage würde immer größer werden, und die Reserven würden langsam auslaufen, bis in einem Krieg die Welt unterginge. Damals war dies das bedrohlichste Szenario für den Weltuntergang in den Medien. Ich kann das nur mit einem herzlichen lol kommentieren. Seien es Wasserstoff, Elektro, Bio-Öl oder Brennstoffzellen, Erdöl wird im jetzigen Ausmaß nicht überleben – und das ist gut so. Was nicht bedeutet, dass in der nachhaltigeren Welt von morgen nicht geile Retro-Autos (Baujahr 2010) mit Benzin über eine Rennstrecke fetzen können. Dieselnostalgie wird eine wunderbare Nische – wenn sie wollen, können die ganz Befangenen ein bisschen Treibstoff schnüffeln und sich an damals zurückerinnern.

Weiterhin wird auch gerade stark innoviert, um den Schaden, den wir bis jetzt verursacht haben, rückgängig zu machen. Riesige Anlagen, die das CO_2 aus der Atmosphäre ziehen, und automatisierte Maschinen, die den Müll aus den Ozeanen filtern, gibt es bereits. Wenn wir als Gesellschaft weiterhin Druck auf die Entscheidungsträger:innen ausüben, werden sich diese Ansätze durchsetzen. Technologischer Fortschritt wird garantiert eine wichtige Rolle spielen, aber uns nicht erlösen.

Chemie ist nichts Böses. Alles ist chemisch. Früher oder später werden unsere Kreisläufe so gut sein, dass man sowieso nichts verschwenden kann. Was mit individuellem Recycling begonnen hat, wird in einem Kreislauf in der gesamten Konsumkette enden. Aber jetzt heißt es erst mal, die imminente Erwärmungsgefahr in den Griff zu bekommen.

Was uns die Lobbyisten des Konsums klarmachen wollten, ist, dass wir zwar Lebensqualität verlieren, wenn wir weniger konsumieren, aber gleichzeitig selbst schuld sind, wenn wir unökologisch sind. Was nun? Individuelle Verantwortung ist natürlich wichtig, aber dann doch etwas bieder. Darauf haben wir, salopp gesagt, alle keinen Bock. Insofern muss man sich vielleicht noch mal vor Augen führen, ob das, was wir als Verzicht codiert haben, eigentlich keiner ist. Was das bedeutet, kann in dem ausgelutschten Credo »Weniger kann auch mehr sein« zusammengefasst werden. Die Bewegung zum Minimalismus, Digital Detox, Hygge und der Besitz eines eigenen Gemüsegartens sind gar nicht so asketisch, wie man uns immer eingeredet hat. Wenn man sich mal wirklich aus dem Hamsterrad herauszieht, ist es gar nicht so schlimm wie erwartet. Es ist sogar besser – man muss es nur mal machen. Damit meine ich eher, das eigene Leben zu entmüllen, als exklusiv von Brot & Wasser zu leben. Wir alle haben Unmengen an Schrott, den wir nie wieder anziehen oder verwenden werden. Sachen, die kaputt sind, können in Repair-Cafés gebracht werden, wenn sie nicht grade absoluter Plastikschrott sind. Oder gespendet werden. Unter Umständen ist dieses Umcodieren das, was wir brauchen, um Grüne Philosophie in Fragen des Konsums mehrheitsfähig zu machen. Entzug haben wir während des Corona-Lockdowns erfahren, in Zeiten einer gigantischen Krise – und so schlimm war's dann doch nicht. Insofern lautet die Empfehlung, sich von der Doktrin des Verzichts zu verabschieden. Verzicht in Zeiten des Überflusses bedeutet wahrlich nicht weniger, sondern mehr. Mehr Fokus, mehr Achtsamkeit, mehr Konzentration auf das, was uns wirklich gefällt und Sinn macht. Kapitalismus ja, gerne. Wachstum? Nur her damit. Aber nicht als *Selbstzweck.* Unser Konsum hat den Sinn, dass er uns glücklicher machen sollte – und nicht, dass wir immer etwas verpassen.

Um ein Credo zu finden, das die Vermengung der beiden Öko-Mindsets, namentlich Verzicht und »Ach, das kriegen wir schon technologisch hin«, ermöglicht, muss man eigentlich gar nicht so weit schauen. Es mag vielleicht stark vereinfachend klingen, aber ein simples Motto, das den endlosen Hardcore-Wachstumskapitalismus ein bisschen aushebelt, ohne dass wir zu viel verlieren, ist wichtiger, als wir vielleicht glauben. Ein Wert, hinter dem wir uns alle vereinen können. Hier würde ich wieder das leicht pathetische »Qualität statt Quantität« in den Raum werfen. Wachsen, aber anders. Technologisch, aber sinnvoll. Den Widerspruch zwischen den beiden Lagern aufzulösen, ist dringend nötig, um die neue Ökologie funktionsfähig zu machen. In der Konsequenz kommen wir dann endlich in das postökologische Zeitalter, in dem wir nicht mehr dauernd entscheiden müssen, ob wir uns oder dem Planeten etwas Gutes tun. Die Generation Corona wird sich diesem moralischen und finanziellen Dilemma nicht mehr stellen müssen.

Die Beschleunigung der Entschleunigung

Nun, wo wir die Welt für die Generation Corona neu aufbauen müssen, stellt sich die Frage: Was ist das Motto? Wir brauchen ein neues – nur mehr endloses Wachstum zum Selbstzweck ist einfach nicht länger denkbar. Erfahrungsgemäß kommt alles, was Verzicht impliziert, nicht gerade gut an. Es ist angeblich sogar gegen die menschliche Evolution und den Fortschritt, weniger zu haben. Irgendwie verständlich, denn im vorherigen Jahrhundert musste Knappheit durchgestanden werden, und nun leiden wir an den Folgen des Überflusses – zumindest bei uns im kuscheligen Westen. Zwar haben wir hier mehr als genug, wahnsinnig gut verteilt ist es aber schon länger nicht mehr. Es stimmt nichtsdestotrotz, dass eine Zukunft, die von »weniger« gezeichnet ist, nicht sonderlich gut »verkauft« werden kann. Das ist einfach nicht sexy genug, um als großes gesellschaftliches Ziel zu fungieren. Ein alter Fehlglaube in diesem Kontext ist, Konsumreduktion bedeute »weniger« – wahrgenommen wird nämlich durchaus mehr. Mehr Zeit für das eigentlich Wichtige und mehr Entspannung für die Seele. Wem und was wir wann unsere Aufmerksamkeit schenken, definiert, als »wie viel« sich etwas anfühlt, nicht schieres Volumen. Eine kurze Untersuchung der Aufmerksamkeitsökonomie zeigt, wie weniger doch wesentlich mehr sein kann. Das Paradigma des Post-Pandemie-Wiederaufbaus muss unseren errungenen Wohlstand erkennen und ihn noch verdeutlichen. Ihn erspürbarer machen, sodass wir nicht wieder in die Falle des nimmersatten Konsums gehen. Wir haben historisch schon immer die Tendenz gehabt, es zu übertreiben, bis dann die Korrekturschleife kommt. Erinnern wir uns an »Qualität statt Quantität«, das Motto der Nachwelt und somit der Generation Corona. Demnach ist gefühlt doch gar nicht so viel verloren gegangen.

Trends wie Digital Detox, Minimalismus, Achtsamkeit, Slow Food und wie sie noch heißen, gewannen zwar vor der Krise langsam an Momentum, aber die Kultur des Überkonsums und des Nächstenhasses war noch die dominierende. Die Coronakrise war der Beschleuniger dieser Entschleunigungstrends, die wir so dringend brauchten, auch wenn es nicht ganz freiwillig geschah. Die gemeinsame soziale Isolation hat uns geholfen, ein paar unserer Verhaltensmuster der Überdigitalisierung zu überdenken – vor allem wir aus den »jüngeren« Generationen. Wir werden wieder lernen, wie man echte zwischenmenschliche Beziehungen zu seinen Nächsten durch digitale Medien pflegt – kurzer *reminder:* Das war der eigentliche Sinn der ganzen Konnektivitätstechnologie. Wer inmitten einer Pandemie noch versucht, auf Instagram & Co. das perfekte Leben zu inszenieren, ist wirklich erbärmlich – und das wissen wir alle. Telekommunikation musste als echter sozialer Ersatz funktionieren, auch daraus können wir lernen: Früher haben wir die Oma doch nur angerufen, um sie dann nicht treffen zu müssen, oder? Wenn wir unsere geliebten (aber vielleicht nicht oft besuchten) Verwandten jedoch nicht mehr anders erreichen können, wird sich durch die Krise ein anderer Umgang ergeben. Mehr Zeit für Zwischenmenschliches ist ein schönes, oft vergessenes Nebenprodukt der Automatisierung und Digitalisierung.

Nach mehreren Wochen des Zwangs-Online-Seins in Quarantäne haben viele wiedererkannt, wie schön es ist, wenn nicht das Handy die einzige Verbindung mit der Welt ist. Wir nutzen es nun realdigital, die Krise hat ausgelotet, wofür es wirklich Sinn macht. Es wäre doch so schön, sich über WhatsApp zu koordinieren, um sich im Park, einem Café oder einer Bar zu treffen – und das Gerät dann in der Jackentasche zu lassen. Wer nach der Corona-Isolation beim Essen im Restaurant noch immer an seinem Handy hängt, dem empfehle ich, sich doch bitte etwas länger in Quarantäne zu begeben.

III Semi-Fin

Egal, ob Boomerhumor, Memes oder Political Correctness, der Generationenkonflikt ist überall zu sehen, manchmal unterschwellig, manchmal offen ausgetragen. Auf die pessimistische Einstellung, dass wir doch alle wieder in unsere alten Muster zurückfallen werden, gibt es nur eine richtige Antwort: Wenn die Menschheit nicht lernfähig wäre, hätten wir es nicht in das wunderbare zwanzigste und erst recht nicht in das noch fantastischere einundzwanzigste Jahrhundert geschafft. Eine gemeinsame Entschleunigung hat den zentralen Vorteil, dass man nicht das Gefühl hat, links und rechts überholt zu werden. Solch ein Erlebnis wird nicht so schnell in Vergessenheit geraten, und gewisse Verhaltensmuster werden sich auch danach halten. Eine langsamere Welt aus Fülle klingt doch gar nicht so schlecht – auch wenn wir sie zuerst »erleiden« mussten.

Die größte Gefahr für uns ist nicht der Terror, die Erderwärmung oder ein Krieg. Sie ist das Zerbröseln der gesellschaftlichen und somit intergenerationalen Kommunikation, vor allem im Netz. Es gibt keine zentrale Wahrheit mehr, jeder bezieht seine Information, wie sie ihm gefällt.

Aber was kann das für die Generation Corona bedeuten? Wird sie in einer Welt aufwachsen, in der es so viel Information wie noch nie gibt, aber mit disproportional vielen Idioten? Sicherlich nicht. Wir haben es nun leicht übertrieben in digitalen Fragen, haben unsere Welt der Kommunikation fast ausschließlich an Profit gebunden. So wird das nicht weitergehen. Die Algorithmen, die entscheiden, was wir wann sehen, und Konflikt und Zerteilung maximieren, werden »demokratisiert« werden. Entweder, es wird eine supranationale Instanz in Gestalt einer digitalen UNO geben müssen, die die Spielregeln festlegt, oder die Bürger:innen bekommen Transparenz und Mitspracherecht, was das Ziel dieser Algorithmen zu sein hat. Denn so ähnlich, wie in einer Pandemie sogenannte Superspreader die Gefahr darstellen, verhält es sich auch im Netz – nur diesmal mit Bullshit. Da die jetzigen Algorithmen Interaktion, egal, in welcher Qualität, priorisieren, gibt es gewisse Profile oder Menschen, die wie verrückt teilen. Nicht umsonst wünscht sich fast jeder, dass sein Online-Posting »viral« geht. So können sich nicht nur lustige Katzenvideos im Affentempo im Netz verteilen, sondern auch richtiger Schrott. Impfgegner:innen, Coronaleugner:innen, Verschwörungstheoretiker:innen und sogar diejenigen, die nach wie vor glauben, die Erde sei flach, wurden dadurch gepusht. Die Superspreader ermöglichen im Netz wie auch im echten Leben einen rasanten Anstieg von Dingen, die wirklich lieber lokalisiert bleiben und bekämpft werden sollten. Aber so, wie es in der Coronakrise Masken und Social Distancing gab, gibt es auch im Netz eine Lösung.

Man kann natürlich immer Fake News bashen. In der Realität sind sie aber eher ein Symptom als das grundsätzliche Problem. Am Ende eines Tages belohnen die Internet-Algorithmen und somit auch wir alle Artikel wie »10 Gründe, warum du nur lauwarmes Wasser trinken solltest« bis hin zu »Ist Joe Biden ein pädophiles Reptil?«. Dass das vielleicht nicht die Utopie ist, die hinter dem Verbinden der ganzen Welt stand, liegt wohl auf der Hand.

Wie kann die Generation Corona hier helfen? Sie wird das postdigitale Zeitalter einleiten. Wenn die Gen Zler jetzt schon die Augen verdrehen, weil ihre Eltern ihnen absoluten Bullshit von Facebook zeigen oder den gar teilen, wird es 2040 so nicht mehr gehen. Wenn sich nichts ändert, stehen wir vor wirklich größeren Problemen als einer Pandemie oder dem Klimawandel. Egal, welche Krise nämlich auf uns zukommt, tragend ist, wie wir als Gesellschaft darüber kommunizieren. Wenn wir nicht wieder zu einer gemeinsamen Wahrheit finden, gibt es keine Zukunft. Zuerst müssen die Hegemonien zerschlagen werden, die unsere Kommunikation auf der ganzen Welt auf dumpfe Profitmaximierung getrieben haben. Das Internet ist schon weit mehr als nur ein Business. Die Generation Corona wird, wie erwähnt, nicht mehr digital sein, sondern postdigital. Weil wir bis dahin das Problem in den Griff bekommen haben. Oft wird in entsprechenden Situationen vorgeschlagen: Raus aus dem Netz mit den Boomern! Wie auch immer man dazu steht: Sonderlich inklusiv und generationssolidarisch ist das nicht. Ich würde auch gerne daran erinnern, dass die Chefs und Chefinnen vieler Problemfirmen wie Facebook und Google eher der Gen X angehören oder sogar Millennials sind. Insofern wird das so nicht klappen. Was es braucht, ist einen Strukturwandel, sodass das Netz für alle sinnvoll und zugänglich ist, nicht nur für die digital Versierten. Ein Anerkennen, was für ein riesiges Gut doch im Netz schlummert. Durch den nahezu sofortigen Informationstransfer konnte z. B. der Covid-19-Impfstoff in Windeseile geschaffen werden, denn Wissenschaftler auf dem ganzen Planeten konnten simultan zusammenarbeiten. Eigentlich sollte es ja zu einer Demokratisierung der Welt führen – mittlerweile spaltet es uns eher in Lager. Das wird sich die Generation C nicht gefallen lassen. Wenn sich bis 2040 nichts ändert, war Fridays for Future nur der Anfang der Rebellion, und es wird wahrlich ein Zeitalter der Revolutionen folgen. Die Generation Corona wird eine Nostalgie nach den platten, linearen, technophilen Zukunftsbildern der anfänglichen Digitalisierung verspüren, wie sie nach der Entstehung überall in der Luft lag. Fliegende Autos, liefernde Drohnen? Von mir aus. Roboter als Partner und das Hirn in digitale, virtuelle Welten verstöpselt? So bitte nicht. Menschliches bleibt menschlich, Digitales wird noch effizienter. Auf ins postdigitale Zeitalter.

Bonus: Zukunft der Religion

Wenn der Konsumismus als westliche Dominanzreligion fällt, tut sich ein neues Fenster auf. Die klassische sakrale Religion ist vor allem bei den Jüngeren schwer am absteigenden Ast. Zu viele Skandale, zu altes Gedankengut, kaum Modernisierungsversuche. Aber wenn es eine Sache gibt, die alle Kulturen auf dem Planeten gemeinsam haben, ist es die Suche nach einer Art höherer Macht, einer kosmischen Ordnung. Es wird auch bei der Generation Corona – sowie Gen Y & Z – eine Suche nach einer neuen Spiritualität geben. Nicht ganz zufällig ist die ganze Yoga-Bewegung aus dem östlichen Raum so gut bei uns angekommen. Sie wertet nicht, konzentriert sich auf das Seelenwohl, diskriminiert nicht. Der Hype rund um Yoga wird abnehmen, aber das Bedürfnis wird bleiben. Der großartige Futurologe Yuoval Harari prognostiziert eine Art Techno-Religion, in der wir Technologien und künstliche Intelligenzen anbeten. Eine neue spirituelle Bewegung könnte dieses für mich doch eher dystopische Szenario abwenden. In einer Welt, wo alles digital ist, könnten digitale Askese und ein Fokus auf die eigene psychische und physiologische, human-emotionale Innenwelt florieren. Wer wirklich reich werden will, soll eine Religion gründen, schon klar. Prognostisch lässt sich eine neue Spiritualität allerdings gut am Horizont erspähen. Wenn die menschliche Geschichte nicht wie in *Matrix* mit einer dominanten künstlichen Intelligenz, die wir anbeten, gejagt werden soll, muss für das tiefe menschliche Bedürfnis nach dem Warum eben eine neue Spiritualität gefunden werden. Der Mensch und was ihn ausmacht, steht im Mittelpunkt. Wir werden nicht Roboter anbeten, sondern versuchen, uns selbst in der postdigitalen Welt einzuordnen. Diese Lücke wird und muss besetzt werden, die transhumanistischen Fantasien à la Kurzweil könnten so charmant umgangen werden.

Historisch sowie nun dank Corona gegenwärtig zeigt sich eine Formel für den Fortschritt im Kontext des Aberglaubens besonders stark. Wenn es besser werden soll, lasst die Wissenschaftler:innen ihren fucking Job machen. Warum war das Mittelalter so finster? Warum der Nahe Osten in der Frühhistorie ein Mekka des Fortschritts? Wenn Wissenschaft und Religion oder sonstiges spirituelles Gedankengut funktional und institutionell voneinander getrennt sind, geht was weiter. Passiert das nicht, wird alles fucked. Das zeigt die Geschichte immer und immer wieder. Das Gegenargument kennen wir alle – Nationalsozialismus und Kommunismus waren doch beide religionsfeindlich. Deswegen ist das Wort Aberglaube – man könnte auch Bullshit verwenden – wesentlich besser. Denn beide Ideologien waren in ihrem Kern auch götterverehrend – nur waren es eben Menschen. Auch hier wurde von einer anderen Sphäre aus der wissenschaftliche Fortschritt überwacht. Es sollte ja nichts herausgefunden werden, was nicht zu der Meinung der gottgegebenen Autorität passte. In unserem Hier und Jetzt gibt es mit Corona leicht ähnliche Züge. Überall dort, wo eine übergeordnete Ideologie wichtiger ist, geht die Nummer schief. Seien es Männerkults wie Trump, Bolsonaro und Freunde oder im Kleinen die orthodoxreligiösen Gemeinschaften, die sich auf ihren Riesenhochzeiten kräftig durchseuchen. Auch die unheilige Allianz aus extrem Rechten, Linken, hängen gebliebenen Hippies und einer guten Portion Verschwörungstheoretiker:innen, die ihre »Freiheitsmärsche« in allerlei Hauptstädten abfeiern, haben massiv antiwissenschaftliche Tendenzen. Dahinter versteckt sich wieder das menschliche Urbedürfnis nach einfachen Antworten auf eine komplexe Welt. Eine gute moderne spirituelle Bewegung wird sich bald finden und sich auf dem Globus maßgeblich ausbreiten – das Bedürfnis ist zu groß, die Optionen zu beschissen. Aber sie wird und muss in sich lernen, mit dem wissenschaftlichen Fortschritt umzugehen. Spiritualität ist etwas zwischen einem selbst und anderen Menschen, und dort soll es bleiben. Insofern wird die Religionsbewegung von morgen nicht für oder gegen Technologie sein müssen, weil die Sphären endlich wieder getrennt werden. Die armen verlorenen Seelen der Querdenken-Bewegung verdienen unser Mitleid und Verständnis, sie sind auch nur auf der Suche nach Orientierung. Lasst uns schnell eine Form der modernen Religion finden, die nicht auf Abzocke, Unterwerfung oder Macht aus ist, sondern sich klar auf das eigentliche Bedürfnis richtet. Ein Mindset mit sich selbst und anderen zu sein, ohne digitale, technische oder menschenähnliche Götter anzubeten. Natürlich kann man sich der nun schon fast kultartigen Achtsamkeits-/Yoga-Bewegung anschließen, oft fehlt dort aber die Suche nach dem höheren Lebensziel. Einfach nur glücklich sein, reicht dem Homo sapiens anscheinend noch nicht, aber zu sakral sein, wollen wir auch nicht mehr. Das Bedürfnis wird nicht weggehen, denn die Welt wird nicht einfacher werden – aber immer spannender. In solchen Zeiten könnte man sich durchaus spirituell mit anderen Menschen verbinden – ganz ohne Yogi-Bullshit.

Arbeit

Willkommen im einundzwanzigsten Jahrhundert – wo das Homeoffice, Remote Working und flexible Arbeitszeiten nun endlich in der Firmenkultur angekommen sind. Interessant, dass die jüngeren Generationen – wie oben erwähnt – beim Einstieg in den Arbeitsmarkt mit genau diesen Wünschen vor den Türen der Arbeitgeber:innen standen und eine ordentliche Abfuhr erhielten. Die Suche nach Sinn und Eigenverantwortung im Job war wohl etwas zu fortschrittlich. Zum Glück wurde die Logik des Homo oeconomicus durch die Coronakrise massiv erschüttert. Es ist fast so, als würden Menschen gerne zur Gesellschaft und Wirtschaft beitragen und nicht dazu gezwungen werden müssen. Das Bild, dass wir ohne den Leidensdruck der Arbeit alle nur biertrinkend vor der Glotze hängen würden, halte ich für gehörigen Quatsch. Für einen nachhaltigen Wandel im Gesellschaftsdeal mit der Arbeit benötigt man allerdings einen zentralen Wert: Vertrauen. Der Arbeitsmarkt nach Corona wird humaner, vertrauenswürdiger und somit endlich aus dem Industriezeitalter-Denken emanzipiert. Ich meine, *what the fuck* ist eigentlich mit den fast schon heiligen vierzig Stunden? Im Zeitalter der Fabriken kann man diesen Richtwert noch verstehen, in der Moderne ist er ein wahrlich verstaubtes Konstrukt. Jeder, der acht Stunden am Tag im Büro oder sonst wo sitzt, weiß, dass er maximal vier bis fünf Stunden wirklich produktiv ist. Das belegen übrigens auch

Studien, aber der Kontrollwahn des Managements ignoriert diese einfach mal höflich. Weiterhin basiert dieses Prinzip fundamental darauf, dass die meiste Zeit jemand zu Hause ist und den Haushalt schmeißt. Die Arbeitswelt von gestern ist nicht mit der Gleichberechtigungsbewegung für Frauen von heute und morgen vereinbar. Wirklich nervig ist vor allem das Framing, dass der Wunsch nach Homeoffice und flexiblen Arbeitszeiten ein »Jugendthema« sei und nur Berufseinsteiger:innen solch unrealistische Forderungen hätten.

Unsere Zukunft betrifft alle, Jung und Alt – in der schnellen Veränderung unserer Gesellschaft spielen die digitalen Fähigkeiten eine große Rolle, und die Adaptionen, die unsere Generation hervorgebracht hat, sind wichtig. Wie etwa der bereits erwähnte Bullshit-Filter, also unsere Fähigkeit, Fakes, Übertreibungen und Funktionalisierungen des Medialen zu erspüren und »auszusortieren«. Das sollten wir gemeinsam schätzen lernen.

Die Generation C wächst in einer Welt auf, in der Digitalität, Homeoffice und Telekommunikation nun auch wirklich kulturell angekommen sind – im Privaten wie in der Berufswelt. Durch die Digitalisierung der Arbeit sollte – und wird – diese auch weniger werden. Warum ist das so eine ketzerische Position in der Arbeitswelt?

Die Chefs dieser Welt, vor allem das mittlere Management, haben sich ewig geweigert, eine solche Veränderung zuzulassen. Zu sehr waren sie gefangen im Zeitalter der Fabriken und in den eigenen, gut geölten Abläufen. Am liebsten war es der Chefetage immer zu hören, wie progressiv ihr Unternehmen doch sei, weil es die Mitarbeiter einen Tag in der Woche Homeoffice machen »lässt«. Richtig sollte es lauten: »Du sollst verdammt noch mal für den richtigen Arbeitsbereich am richtigen Ort sein.« Nichts mit erlauben oder dürfen, sondern in der neuen Vertrauenskultur der postdigitalen Arbeitswelt darauf bauen, dass niemand gerne bei der konzentrierten Arbeit vom Büroclown abgelenkt werden will. Das Homeoffice ist gleichzeitig nicht die Lösung aller Probleme in der Arbeitswelt. Es gilt auch zu verstehen, dass ein langes, kreatives Meeting in Zoom schneller zur Ermüdung und Apathie führt als so manche Opiate. Lockdown-bedingt gab es einen Instinkt in den Unternehmen, sämtliche Arbeit nach Hause zu verlagern. Ist auch schön billig so – kaum mehr Miet- und Nebenkosten für die leer stehenden Büroräume. Aber so simpel wird die Lösung für den Arbeitsmarkt der Zukunft leider nicht. Während Corona sind wir auf sechzig Prozent der Beschäftigten im Homeoffice gekommen, und langsam haben es die meisten satt. Wenn es keine sinnvollen, flexiblen Mischformen gibt, werden wir nicht produktiver, sondern das Gegenteil, das wissen wir schon länger. Was den jüngeren Generationen als Naivität unterstellt wurde, und damit ist nicht nur die Sinnsuche, sondern auch die Eigenverantwortung im Beruf gemeint, wird nun Realität. Es sei an dieser Stelle auch gesagt, dass nicht alle Berufsfelder diese Möglichkeiten haben. Die Ärztin wird vermutlich tendenziell weniger Homeoffice-Potenzial haben als der *digital creative lead* einer Designagentur. Wobei Erstere vermutlich auch ganz entspannt zu Hause Patientenanrufe annehmen könnte, wenn nötig, und zumindest einen Teil ihrer Arbeit dorthin verlagern könnte. Aber die Tendenz ist klar, es geht nicht bei allen Jobs. Das fordert auch keiner. Die Formel lautet: Die richtige Arbeit zur richtigen Zeit am richtigen Ort. Das wird für jeden Job, sogar für jeden Menschen an sich unterschiedlich sein. Aber alle in ein Bürogefängnis zu zwingen, das nur eine schlechte Weiterentwicklung einer Fabrik ist, ist, gelinde gesagt, dämlich. Wenn wir von der Grundüberzeugung ausgehen, dass Menschen gerne produktiv sind, und das Bild des »Berufsabsitzens« hinter uns lassen, ist es kein Problem, wenn man mal zwei Stunden früher nach Hause geht und dort weitermacht. Das Office als Ort der zwischenmenschlichen Begegnung und Kreativitätsspielraum statt Zeiterfassungsgebäude. Konzentriert zu Hause arbeiten oder wo auch immer es einem am besten gelingt, um dann mit sozialer Energie und Lust ins Office zu kommen. Auch wenn es vielleicht ungewohnt sein wird, das Zeitalter der Industrialisierung neigt sich dem Ende zu, insofern müssen wir Firmenkulturen und -strukturen dementsprechend anpassen. Sonst verpennen wir den Wandel und müssen, wie es so oft gängig war, neue und produktive Arbeitskulturen à la Silicon Valley als »ganz cool, aber bei uns nicht möglich« erachten.

Durch eine neue Vertrauenskultur in der Arbeit, in der jeder seine Aufgabe dort tätigt, wo er sie am besten vollbringen kann, wird es für das Management schwer. Ein gehöriger Rollenwechsel steht bevor. Die Abläufe können somit immer weniger mikro-gemanagt werden, denn Aufgabenbereiche werden kleinteiliger, differenzierter und individueller. Da wird es immer schwieriger, jeden Ablauf bis ins kleinste Detail festzuhalten oder gar zu berichten. Es soll sich niemand angegriffen oder schuldig fühlen, sondern lieber den Wandel erkennen und mitgestalten. Am Anfang der Covid-19-Homeoffice-Welle gab es ein sehr schönes Beispiel, wie es nicht funktionieren soll. Kurz nach dem erzwungenen Zu-Hause-Bleiben der Arbeiterschaft wurde eine tolle innovative App eingeführt, die im Fünf-Minuten-Takt die Laptopkamera aufdrehte, um zu checken, ob die Person noch brav an ihrem Platz saß. Das ist übertragenes Industriedenken, Kontrollverlustängste, der komplette Oberfail. Zum Glück hat sich dies nicht durchgesetzt, aber hier konnte man die initiale Nervosität des Managements sehr schön sehen. Es wird einen Wandel von der »Zeitarbeit« zur echten »Projektarbeit« geben müssen. Das behaupten schon viele Unternehmen von sich, aber heimlich wird dann doch immer geschaut, wie effizient jeder ist. Dabei sollten wir eher versuchen, Arbeitsverhältnisse zu finden, in denen es um Effektivität geht. Der Unterschied zwischen diesen beiden sehr ähnlichen Worten ist wichtig. Effektivität bedeutet, die richtigen Dinge zum richtigen Zeitpunkt zu tun. Effizient hingegen heißt nur, die Dinge richtig zu tun, und ist somit in den immer differenzierteren Arbeitsfeldern weitaus weniger produktiv. Vielleicht muss sich der eine Mensch zwei Stunden wie auf Amphetaminen in eine Aufgabe hineinarbeiten und dann danach gehörig crashen, während ein anderer es in der doppelten Zeit bei Grüntee am Spätabend lieber hat. In einer echten projektbezogenen Arbeitskultur ist das gänzlich egal, denn sie versteht eines: Menschen sind keine Roboter. Mehr rein ist nicht gleich mehr raus. Jeder hat seine eigenen Vorzüge im Arbeitszugang, Minuten und Stunden sind irrelevant – was zählt, ist, wie zufrieden der Mensch bei seiner Tätigkeit ist und wie gut sie am Ende ist. Warum sollte man das Produktivitätspotenzial mit Zwang und Kontrollverlustängsten kaputt machen? Das klingt mir nach schlechtem Management.

Was viele allerdings völlig zu Recht nervt, ist, dass die Trennung von Arbeit und Leben mit dem Homeoffice gänzlich unmöglich geworden ist – zu Hause ist man nun auch immer jobmäßig erreichbar. Work-Life-Balance, also die Balancierung der beiden Felder Beruf und Privatbereich, ist somit tot. Das klingt jetzt erst mal schlecht, die Suche nach einem ausgeglichenen

Leben ist doch im Grunde ein nobles Unterfangen. Aber eigentlich implizierte dieses Konstrukt ja auch, wir würden während der Arbeitszeit nicht leben – schade um die ganze Lebenszeit, die dadurch verloren ging. Das war unter anderem auch der Grund, weswegen die Millennials sich so gegen die gängige Arbeitskultur stellten und verloren. Jetzt wird nicht mal unser Urlaub, also die Höhe der Freizeit, vom Wandel verschont bleiben. Er ist bekanntlich der Zeitpunkt, an dem man am allerwenigsten von der Arbeit genervt werden möchte. In Zukunft wird es das Konzept der »Workation« geben. Die Mischung aus den englischen Wörtern für Arbeit und Urlaub ist genau das – eine Vermischung von beiden. Was initial ziemlich abschreckend klingt, ist es in gelebter Realität gar nicht. Stellen Sie sich vor, Sie fahren zwei Wochen in die Alpen, vormittags gehen Sie eine Runde Skifahren, nachmittags gibt es statt Après-Ski, das ist jetzt wirklich uncool geworden, ein paar Zoom-Meetings, Sie beantworten ein paar E-Mails und gehen dann entspannt schlafen. Oder noch wilder: Während die Sonne scheint, am Strand liegen, und nachmittags die Excel-Tabellen ausarbeiten. Work-Life-Blending wird also langsam Einzug halten, während des Lockdowns haben wir tendenziell eher die Schattenseiten davon erfahren. Das geht schon noch besser, vor allem mit gutem »Management« und einer neuen Arbeitskultur.

Machen Sie doch mal einen Selbstversuch und fragen Sie den Chef oder die Chefin, wie sie zur Workation stehen. Wenn Sie nicht sofort ausgelacht werden, sind Sie in einem vergleichsweise progressiven Unternehmen. Wenn Sie gleich entlassen werden, auch nicht so schlimm, das Management war anscheinend sowieso nicht sonderlich zukunftsfit.

Bildung

So, jetzt haben wir die Arbeit digitalisiert, *about damn time.* Nun zum anderen großen Generationenstreitthema: der guten alten Bildung. Ein Ewigthema, das politisch leider nicht sehr interessant ist. In der hyperbeschleunigten Day-to-Day-Politik der Aufmerksamkeitswelt und schnellen Medien ist die Jugend in Bildungsfragen eigentlich ein schlechtes Investment. Krempelt man das Bildungssystem jetzt um, kriegt man die positiven Effekte in etwa fünfzehn bis zwanzig Jahren – wenn eine neue Truppe an Kindern von dem System profitiert hat. Politisch ist das eher mau, wenn die Augen auf der Schlagzeile von morgen oder im besten Falle der Wahl in ein paar Jahren liegen. Das Bildungssystem fühlt sich deswegen wahrlich so an, als würde es etwas hinterherhinken. Jeder will es verbessern, aber aus der Politik ist der Wandel nicht so einfach herbeizuführen – lohnt sich halt nicht. Die Bezahlung der Lehrer:innen ist disproportioniert schlecht im Vergleich zu ihrer wichtigen gesellschaftlichen Funktion, nämlich die nächste Generation fit für die Welt da draußen zu machen und gleichzeitig den Eltern genügend Freiraum zum Leben zu schaffen. Lehrer ist einer der wichtigsten Berufe für die Zukunft einer Gesellschaft, die meisten Familien im Lockdown würden dies bezeugen. Durch das Homeschooling wurde uns einiges klar, vor allem, wie es nicht gehen soll. Es stellte vor allem noch einmal die Frage in den Raum: Was ist die eigentliche inhärente Aufgabe der Schule in der Moderne? Information haben wir im Smartphone mehr, als jeder Mensch sich in seinem Leben aneignen kann. Insofern ist die Aufgabe des Lehrers von morgen eine ganz andere. Wissen in einen jungen Kopf hineinzuzwängen, ist nicht mehr sinnvoll. Viel zu einfach ist der Zugang durch die Demokratisierung des

Wissens geworden, im Handumdrehen ist es aus der Hosentasche gezogen. Wenn das Argument volkswirtschaftlich betrachtet werden soll, ist es simpel. Die Schule gibt jungen Menschen keine Skills für den Arbeitsmarkt mit. Angesichts des Informationsüberflusses wäre es zum Beispiel wesentlich ratsamer, zu unterrichten, wie man schnell an gesicherte Informationen kommt. Wie eine gute digitale Quelle aussieht, wie man Wissen miteinander vernetzt und verwendet. Soweit zum Wissen.

Nun hat sich aber gezeigt, dass die Schule eine mindestens ebenso wichtige soziale Funktion hat. Nicht nur für die Eltern, damit die auch noch ihr Leben genießen können. In der Schule treffen wir zum ersten Mal auf soziale Hierarchien. Es prägt, wie wir Gesellschaft wahrnehmen, wir werden eben auch in den Bildungsinstitutionen sozialisiert. Allein deswegen scheint mir die Überlegung, sich in Zukunft auf das Homelearning zu konzentrieren, ziemlich dämlich. Der Austausch, auch die Pluralität der verschiedenen Menschen aus unterschiedlichen Altersgruppen, Hintergründen usw. ist eines der zentralen Güter der Schulzeit. Das kann man schwer digitalisieren, sorry. Soll aber nicht heißen, dass wir im Zwang der Pandemie nicht einen Fortschritt erlebt hätten, der dringend notwendig war. Digitale Assistenzen statt endloser Schulbücher sind eine vollkommen richtige und effektive Verbesserung des Systems. Auch die Möglichkeit, digital Schüler:innen nachzubetreuen, die sich in der Klasse nicht trauen, ist durchaus ein Vorteil. Mehr Zeit fürs Front-End, also die Sozialisierung, durch eine Verbesserung des Back-Ends. Soll heißen: Wenn die Lehrer mehr funktionale digitale Tools haben und dadurch mehr Zeit gewinnen, sich wirklich pädagogisch mit den Schüler:innen zu beschäftigen, ist eine gute real-digitale Synthese entstanden. Auch wenn wir uns eines Tages all das Wissen der Welt mit einem Chip ins Hirn setzen lassen können, wird die Schule nach wie vor eine zentrale gesellschaftliche Rolle spielen, nämliche eine soziale. Ein Ort der Begegnung, nicht einer der Informationsberieselung.

Urbanisierung

Graue Betonwände, Skyscraper, die Beschleunigung des modernen Lebens sind nirgends so zu sehen und zu spüren wie in den urbanen Einöden. Das zentrale Argument für das Wachsen unserer Großstädte war immer die Arbeit. Zumindest seit der Industrialisierung ist es ein Thema, dass Menschen vom Land in die Stadt ziehen, um ihren sozialen Status zu verbessern. Gängigen Prognosen zufolge werden wir bis zum Jahr 2050 zu fünfundsiebzig Prozent in Großstädten leben. Aber es zeichnet sich derzeit, von Corona beschleunigt, ein überraschender Gegentrend ab. Wenn wir davon ausgehen, dass immer mehr Berufe digitaler und flexibler werden, muss man nicht fünf Tage die Woche im Großstadtbüro sitzen. Es ist spannend zu sehen, wie im Familiengründungsalter immer mehr Menschen in die sogenannten Speckgürtel ziehen, also leicht rurale Gegenden rund um die Stadt. Mit der Aussicht, vielleicht nur zwei Tage die Woche im Office zu sein und den Rest der Arbeit von zu Hause aus zu tätigen, ist diese Option weitaus attraktiver geworden. Es tun sich wahrlich kleine Stadtaussteiger-Communities zusammen. Da hilft es natürlich auch, wie abstrus die Mietpreise in den gängigen Städten geworden sind. Die Nachteile der Großstadt – nebst den finanziellen – wurden im Lockdown schnell klar. Ihr Privileg ist die Anonymität, doch in einer Zeit der schwindenden gesellschaftlichen Beziehungen und mangelnden Partys wurde das definitiv entzaubert. Fragen Sie mal einen Berliner, wie toll es dort ohne Partys ist. Obwohl einige Menschen endlich ihre Nachbarn gezwungenermaßen kennenlernen mussten, geschieht hier langsam ein Umdenken. Ganz interessant ist im Übrigen auch, dass es eine hohe Korrelation zwischen Unglück und Pendelvolumen gibt. Die Lösung für das große Mysterium, was uns wirklich glücklich macht, kriegen wir dadurch zwar nicht gelöst. Aber wir wissen zumindest, was es ganz klar nicht tut: über zwei Stunden Pendelweg, am besten noch im Stau, fünf Tage die Woche.

Die Urbanisierung ist nichts Böses. Menschen aus aller Welt ziehen in Städte, durchmischen sich, raus kommt ein massives produktives Potenzial. Vor allem die Heterogenität innerhalb unserer Citys macht sie so fantastisch und so erfolgreich. Aber man kann es auch übertreiben. Wenn wir den Trend zum Microliving beobachten, wird das relativ schnell klar. Wir leben für immer mehr Geld auf immer weniger Platz. Für die Minimalisten da draußen ist das großartig, aber wenn man zum Beispiel in die asiatischen Großstädte schaut, nimmt das Ganze doch eher dystopische Züge an. Da gibt es auf zwanzig Quadratmeter zwar total coole Lösungen, wie einen Esstisch, der zum Bett wird, oder die Toilette zum Wasserkocher, aber das zentrale Problem wird übersehen. Es geht sich langsam nicht mehr aus mit der Menschenwürde. Klar, ökologischer kann es durchaus sein – aber das wäre es auch, wenn wir in ein sargähnliches Zuhause kämen, uns eine Infusion mit Nährstoffen in den Arm hängen und schlafen würden, bis der nächste Arbeitstag beginnt. Ökologie und Menschenwürde stehen in einem schwierigen Verhältnis zueinander in der Wohnwelt. Das Einfamilienhaus ist sowieso eine Klimasünde schlechthin, heißt es. Zuerst das Flight-Shaming, jetzt das Wohn-Shaming? Mitnichten, es gibt schon wahnsinnig erfolgreiche Projekte zu energieautarken ruralen Häusern. Da steht dann halt leider kein Porsche Cayenne vor der Tür, sondern nur ein – vielleicht sogar geshartes – Elektroauto. Wird man schon verkraften können. Somit ist das Ausweichen in den ruralen Raum völlig nachvollziehbar, wenn nicht sogar eine ganz gute Lösung. Wenn sich dieser Trend im Tandem mit dem Wandel der Arbeitskultur hin zum Digitalen durchsetzt, kriegen wir vielleicht sogar ganz natürlich die Wohnpreise in den Städten auf ein moralisch vertretbares Niveau gesenkt, weil die Aussteiger einfach nicht mehr mitmachen.

Ein tolles Klischee aus dem Generationenkonflikt ist, wie die Boomer den Jungen überspitzt sagen: »Ich hab bei McDonald's gearbeitet, nebenbei studiert und mir dann ein Einfamilienhaus gekauft. Was ist los mit dir, du fauler Hund?« War schon einfacher damals, als das Studium rund sieben Big Macs im Semester gekostet hat und der Wohnraum zwei Mark pro Quadratmeter. Kurz gesagt, im Vergleich zum Einkommen skalieren die Wohnpreise mittlerweile so dermaßen schlecht, dass es sich einfach nicht ausgeht. Und die Diskussion um faule Generationen haben wir sowieso schon geklärt.

Das leicht entfremdete Zusammenleben in den Großstädten hat indessen zu einer Bewegung des generationenübergreifenden Wohnens geführt. Eine Art Simulation der ruraleren Strukturen, mit Dorfältestem, Kleinfamilien und was noch alles dazugehört. Der Trend zum sogenannten Co-Living war einerseits aus der finanziellen Not geboren, andererseits aus einer Suche nach Nähe. Die Gewissheit der Verbundenheit war flöten gegangen, also suchte man sich eben eine neue Wohnstruktur, die dies wieder ermöglichte. Ein bisschen ernüchternd, dass ein Begriff, der »Zusammenleben« bedeutet, als eine echte Trendwende erachtet werden muss. Da dürfte schon gehörig was schiefgegangen sein. Man kann sich diese Wohneinheiten so vorstellen: Jeder hat seinen eigenen Rückzugsort, aber es gibt gemeinsame soziale Räume, wie die Küche, Wohnzimmer usw. Dann lebt dort ein älteres Paar, das abends fein kocht, schreiende Kinder gibt's auch. Eine klare Abkehr von der sogenannten Single-Wohnung, von denen es ja bekanntlich immer mehr gibt. Die Großstadt muss in ihrer Pluralität natürlich Wohnformen für jeden bieten, aber es kann nicht sein, dass wir aufgrund finanzieller Enge ins Micro/Single/Co-Living gezwungen werden. Insofern ist abzusehen, dass durch das Enthebeln des zentralen Arguments der Großstadt – nämlich der Nähe zum gut bezahlten Berufsort – immer mehr Menschen in ihre präferierte Wohnform gehen können. Die Minimalisten ins Micro-Living, die sozialen Schmetterlinge ins generationenübergreifende Co-Living, die Aussteiger:innen aufs Land und die Neo-Hippies in große Wohngemeinschaften. Die modernen Nomaden werden weiterhin durchziehen, ein paar Wochen bleiben und sich dann ins nächste Abenteuer stürzen. So kann durch eine leichte Entzauberung der jetzigen Großstadt eine gesündere Balance zwischen Pampa und Metropole entstehen. Binär denken ist sowieso out. Wir können auch *rurban* leben. Nicht alles aus den Dorfstrukturen war doof, die Urbanisierung ist auch nichts Schlechtes. Beide können voneinander lernen und profitieren. So ist generationenübergreifendes Leben in kultureller, sozialer Diversität eine gute Synthese. Die Pluralität der Stadt auch in ihren Wohnformen zu gewähren, ist die Crème de la Crème der Zukunftsvisionen. Danke, Corona, du hast wieder ein bisschen nachgeholfen. Ob wir das wollten oder nicht.

Globalisierung

Das Ende der Globalisierung wurde bereits oft prognostiziert. In unserem ersten Reflex der Pandemie haben wir uns wieder in unsere Nationalstaaten zurückgezogen. Aber in die Welt der Weltkriege werden wir nicht zurückfallen. Nationalistische Populisten:innen wurden durch die Krise in vollster Öffentlichkeit entzaubert und finden sich nun mit 5G-Verschwörungstheoretikern und Impfgegnern auf derselben Bühne wieder. Die Wertestrukturen der Digitalgenerationen werden nicht zurück in das Mittelalter schlittern. Man kann heutzutage dank Digital- und Mobilitätstechnologie ein lokalisierter Kosmopolit oder ein kosmopolitischer Lokalist sein. Man kann regionale Produkte lieben und international reisen. Das wird auch im Jahr 2040 kein Widerspruch sein. Die Welt wird selbstbewusst *glokal.*

Die Krisen der Zukunft werden noch globaler sein als eine Pandemie, Bankenkrise oder ein Terroranschlag. Mit nationalen Mechanismen globale Probleme zu jagen, funktioniert nicht. Das war eine Dummheit aus dem zwanzigsten Jahrhundert, die wir so nicht wiederholen werden.

Vermutlich haben wir es mit der Globalisierung übertrieben. Vor allem wird sie nicht mehr dem gerecht, was wir uns davon erwartet hatten. Allein, dass es einen »Westen« gibt, zeigt schon, dass die Mission gescheitert ist. Statt den Schuldigen zu suchen, sollten wir nach vorne schauen. Durch Corona ist uns noch mal klar geworden, wie fragil unsere globale Welt doch ist. Wie im Notfall alle wieder in den eigenen Staat schauen, die Illusion einer wirklich globalisierten Welt schnellstens verschwindet. So kann es nicht weitergehen. Lokalität, das haptische, das direkte Umfeld ist Menschen zu Recht wichtig. Die eigene Höhle und das Umland zu kennen, ist fantastisch – sogar, sich dort zu Hause zu fühlen. Die totale, exklusive Globalisierung ging immer leicht gegen unsere Instinkte, in der Synthese aus beiden liegt die Zukunft. Noch einmal, das ist kein Widerspruch mehr. Wir sind nicht entweder hypermobile Aristokraten oder Bauern, die in der Pampa feststecken. Ich kann ein weltverbundener Dorfchemnitzer sein, kosmopolitischer Bad-Hinter-Unterdorfer oder ein verwurzelter New Yorker. Wieder einmal heiße ich Sie willkommen im einundzwanzigsten Jahrhundert, in dem vermeintliche Unmöglichkeiten möglich werden.

Die digitalen Junggenerationen waren viel mehr durch die Globalisierung geprägt als durch das Netz. Das mag vielleicht komisch klingen, ist aber so. In jungem Alter hatten viele von ihnen bereits die halbe Welt bereist. Hierfür verantwortlich war natürlich einerseits die Verbindung der Welt durch Technologie, aber auch vor allem der Zugang zu Mobilität. So gerne wir das Flugzeug als Sündenbock für den Klimawandel herbeiführen, Fliegen bedeutet Fortschritt. Auch wenn nur zwanzig Prozent der Weltbevölkerung jemals in einem Flugzeug gesessen haben, werden es immer mehr. Dass Flugscham, also das moralische Aburteilen der Luftfahrt und Flugreisenden aufgrund ökologischer Bedenken, ziemlich kurzsichtig und eine Momenterscheinung ist, fällt wieder wunderbar in die Diskussion um zukunftsfitte Mindsets. Weg damit. Neue ökologische Technologien bauen, ab in die Lüfte. Das ist gut so. Statt dass dieselbe Minderheit viel zu oft reist, sollte ein Demokratisierungsprozess vonstattengehen. Fliegen verbindet, fliegen demokratisiert. Viel weniger interessant ist mittlerweile der Status. Zugang zu Mobilität schlägt Besitz. Wie schnell und angenehm man von A nach B kommen kann, wird die Mobilität von morgen prägen und somit auch die Globalisierung.

Die globale Mobilität der Zukunft spielt sich nicht nur zwischen geografischen Orten, sondern auch zwischen Gedanken, Kulturen und Standpunkten ab. Polymobilität ist das Schlüsselwort: eine Beweglichkeit, die alle Ebenen des Menschseins umfasst. Denn Mobilität ist und bleibt ein Megatrend. Wir stehen im Stau, wir warten am Flughafen, während der Megatrend sich buchstäblich in unseren Händen auf eine neue Ebene transformiert. Denn was machen wir während der Wartezeit? Richtig: Wir checken die Newsfeeds auf unseren Smartphones. Die Mobilitätskompetenz der Zukunft ist eine geistige Kompetenz, eine Beweglichkeit, die das Geografische hinter sich gelassen hat. Dabei verliert der physische Ort keineswegs seine Bedeutung, aber er muss in einem neuen Zusammenhang gedacht werden.

Zum Glück wird sich die Generation Corona nicht mehr mit Flight-Shaming auseinandersetzen müssen. Nicht mehr beim Reisen Schuldgefühle gegenüber dem Planeten entwickeln, das ist doch so altes Anfang-einundzwanzigstes-Jahrhundert-Konzept. Durch technologische Neuerungen und die Vernetzung der verschiedenen Mobilitätsplayer wird ein Reisekosmos entstehen, in dem wir noch mobiler sind. Ich lande mit dem nun mit CO_2-neutralem Treibstoff betriebenen Flugzeug in Manila, hole mein Carsharing-Auto ab, fahre damit bis zur Destination. Nahtlos, alles in einer App. *Sharing is caring*, Zugang besiegt Besitz. Auch das kosmopolitische Mindset der Gen Y und Z wird nicht einfach verschwinden. Wie bereits gesagt, in das Zeitalter des tiefen, regressiven Kollektivismus rutschen wir nicht noch mal – wir haben aus der Vergangenheit gelernt, weswegen sie sich nicht wiederholen wird.

Die Verbundenheitsform im Zeitalter der Globalisierung ist die Verbundenheit der Vielheiten. Heterogenität ist nicht beseitigbar – aber verbindbar. Innere Widersprüche und Gegensätze tun dem keinen Abbruch. Was schwerfällt zu denken, leben wir schon immer. Denn unsere Idee von Identität ist lediglich ein Denkkonstrukt mit normativen Ansprüchen, das eine Trennung von innen und außen, von Eingegrenzten und Ausgegrenzten herstellt und künstlich suggeriert. Tatsächlich jedoch sind Menschen kein geschlossenes, homogenes System, keine konsistente Einheit, sondern sie vereinen in sich widersprüchliche Haltungen und Handlungen: Wo höre ich auf, wo fängt der andere an? Ist das meine eigene Meinung? Will ich das wirklich?

Am Beispiel der Globalisierung können wir gut beobachten, wie wir Beziehungen zu Menschen und Menschengruppen um uns herum lange Zeit gedacht haben. Historisch sind sie für uns häufig gleichbedeutend mit Machtstrukturen. Dabei haben wir mit einer anderen Denkweise die Chance, die Art der Verbindung mit unseren Mitmenschen neu zu denken und ein anderes Verhältnis einzunehmen zu der Art und Weise, wie wir mit Menschen auf der Welt in Verbindung stehen. Das erzeugt ein neues Gefühl des Gemeinsamen, das wegweisend wird nach der Coronakrise. Die Art der Verbundenheit im Zeitalter der Globalisierung ist glokal, dezentral, heterogen und konnektiv.

Wir sind schon so weit gekommen. Rassismus, Sexismus und die neuartige Form des Kulturalismus werden die jüngsten Generationen hinter sich lassen, weil sie mit deutlich weniger gefährlichem, spalterischem Zeug groß geworden sind. Das mit dem Generationalismus, auch bekannt als Age-Ism, kriegen wir auch bald hin. Dann bleibt nur mehr die letzte Bastion, das, was man früher als Klasse bezeichnete. Auch das schaffen wir, da steht halt noch die eine oder andere Rebellion bevor.

Gemeinsam verschieden sein, so lautet das Motto der glokalen Welt von morgen. Auch hier hat die Coronakrise die Korrekturschleife eingeleitet, die dringend nötig war. Insofern – ich will ja nichts verschreien – werden wir auf sie zurückschauen und uns bei diesem kleinen, bösen Virus bedanken. Wie der amerikanische Präsident Reagan einst sagte: »Wenn die Aliens kommen, verbündet sich die Welt.«

Generationenpolitik

Nach dem Boomer-Bashing ist die einfachste Form der Selbstgefälligkeit, schlecht über Politiker:innen zu reden. Sind meistens verantwortlich für alles Leid auf dem Planeten. Klar sind ein paar Psychopathen dabei, so manch politische Systeme belohnen auch solches Verhalten. Es geht natürlich auch um Macht, Selbstinszenierung und all das, was man Narzissten noch so zuordnen würde. Wenn man allerdings hinter die politische Fassade blickt, gibt es auch eine ganze Menge Gutes zu entdecken. Menschen, die Missstände gesehen haben, erlebt haben und einfach etwas verändern wollen. Ich würde sogar dreist behaupten, sie sind die Mehrzahl.

Es steht außer Frage: Wir hätten schon vor Jahren unsere politischen Systeme an die Moderne anpassen müssen. Aber so einfach ist das eben nicht. Erst mal eine Problemanalyse, dann Lösungsvorschläge. Wenn wir die Demokratie fertig demokratisieren wollen, geht das weder von heute auf morgen noch ohne Systemveränderung. Aber es ist möglich.

Schaut man sich in der politischen Welt um, sieht es nicht

gerade geil aus. Repräsentanz unersichtlich. Alte weiße Männer überall, mit ein paar Frauenquoten dazugeträufelt, um das Image zu verbessern. Es wundert eigentlich keinen, dass es eine Phase der niedrigen Wahlbeteiligung bei jungen Leuten gab. Politik war ein undurchdringliches Biest, geschaffen für die Alten, Mächtigen. Die Hegemonie war nicht nur eine Machtstruktur, sondern auch eine Altersdiktatur. Das kann nicht ewig gut gehen – höchstens solange die Welt »in Ordnung« ist. Hier steht eine Rebellion, gar eine Revolution bevor, wenn sich nichts ändert. Die Boomer-Bashing-artigen Rufe nach einem Politikverbot ab fünfzig sind allerdings nicht der richtige Weg. Der Instinkt ist verständlich; da es wesentlich mehr ältere Wahlberechtigte gibt, könnte man es als eine Art demografischer Unterdrückung der Jugend sehen. Nur ist im Sinne der Demokratie und unserer aller fucking Zukunft die simplistische Exklusion nicht der Weg vorwärts. Was es allerdings schon braucht, und was vielleicht etwas paradox klingt, ist eine Demokratisierung der Politik. Die Jungen werden nun immer mehr wählen gehen, weil die Lage so dermaßen fucked ist, dass sie keine Wahl haben. Sie realisieren, dass auch ihre Stimme zählt oder zählen muss. Denn nichts tun, ist keine Option mehr.

Nur ist es mir nicht ersichtlich, warum wir in einer politischen Landschaft leben müssen, in der es immer nur die Suche nach dem geringsten Übel sein kann. Trump & Co. sind bekanntlich Symptome und keine Ursachen. Machiavelli würde vor Stolz umfallen, wenn er sehen würde, wie das jetzige System Egoismus, Narzissmus und Dialogverhinderung belohnt. Bei den Lokalpolitikern schaut das schon ganz anders aus, denn hier gibt es Unmengen an Menschen, die einfach ihren Gemeinden helfen wollen. Nur vergessen wir das oft im lauten

Strudel der dramatischen Bundespolitik. Der Wandel im Netz hin zu einer sinnvollen, echten Diskussion wird auch die Politik renovieren, selbst wenn das im Moment schwer vorstellbar ist. Die Systeme hängen untrennbar zusammen, unsere politische Diskussion hat sich in unser kränkliches Netz bewegt, die Politik allerdings nur so halb. Denn der Großteil der Wähler:innen war doch immer alt.

Die Politik denkt nach wie vor stark in Altersschubladen. Das Targeting von Kampagnen wird überwiegend an soziodemografischen Faktoren festgemacht. Das funktioniert vielleicht noch bei den Boomern und ein paar Xlern, die wählen *für* jemanden. Da der Spaß aber bei den Jungen nicht mehr funktioniert, mussten sie sich von einer Apathie gegenüber der Politik hin zu einem »Den Untergang verhindern«-Mindset wandeln. So wie auch die Marketingabteilungen verzweifeln, fällt es den alten weißen Männern schwer, die »Jugend« zu erreichen.

Das Zeitalter der Rebellion ist ebenso als ein Versuch des Politikmachens zu verstehen, wenn keiner mehr auf den normalen, klassischen politischen Wegen zuhört. Es ist nicht wahnsinnig überraschend, dass das politische System digitalen Aufholbedarf hat. Wie auch bei den anderen Rebellionen geht es nicht um Zerstörung, sondern um Modernisierung. Denn die Politik der Moderne hat nicht nur die Jugend verfehlt, sondern auch viele aus den früheren Generationen. Insofern ist die Suche nach einer neuen repräsentativen politischen Welt nicht nur altersgetrieben, sondern themengetrieben. Doch das haben wir mehr oder minder gekonnt verschlafen. Haben mit den politischen Werkzeugen des zwanzigsten Jahrhunderts auf die Welt des einundzwanzigsten eingeprügelt und uns dann aufgeregt, dass die alten, gefährlichen Trennungen langsam wieder emporkriechen.

Trump, AfD, Bolsonaro und wie die ganzen Kasperln noch heißen, richten sich an genau diejenigen, die das System auf der Strecke liegen gelassen hat. Das lässt sich sehr schön in dem Problem der modernen Linken verspüren. Durch mangelnden internen Wandel haben sie die Arbeiter:innen, sozial Schwachen und Globalisierungsverlierer:innen verloren, die dann en masse zu den neuen Rechten gelaufen sind. Wenn man die neuen Populisten nicht als inhärent böse, sondern als Indikator für eine Strukturreform der politischen Landschaft interpretieren würde, wäre der Wandel wesentlich einfacher gewesen. Jetzt haben sie eine kritische Masse erreicht, die nicht ganz so einfach zurück in die Kiste zu kriegen ist. Während die entrechteten Alten zu den politischen Hassparteien wandern, gehen die Jungen zu den Neo-Liberalen oder Grünen. Da bleibt wahrlich wenig für die alten, Sozialmarkt-getriebenen Linken. Für ein gesundes politisches Ökosystem brauchen wir aber eine moderne Linke. Wo ist die bitte, warum können die keine Themen setzen? Die Kluft zwischen Arm und Reich wird immer größer, und die Partei, die gegensteuern sollte, pennt. Bedingungsloses Grundeinkommen, Vier-Tage-Woche, mehr funktionale, nicht moralische Integration und Diversität, das sind *die* Themen der Jugend. Anstatt sich mit den Jungflügeln der eigenen Parteien zu zerstreiten, braucht die alte Linke mehr, mehr, *mehr* Altersheterogenität – dann würde sich schnell etwas tun. Bernie Sanders ist der Beweis, dass sich auch viele junge Progressive hinter einem Opa vereinen können, wenn die Plattform und Gedanken zukunftsorientiert sind. Hier waren sie *für* etwas, das sie direkt betrifft. Wie schön es doch wäre, nicht immer gegen etwas wählen zu müssen, um die Welt vor dem Untergang zu bewahren.

Um es für alle etwas verständlicher zu machen, hier ein kleines Rezept für eine demokratische, enkeltaugliche Demokratie:

Schritt 1: Das Internet akzeptieren. Muss man halt ein bisschen Hirn und Geld in die Hand nehmen, ein paar Tech-Giganten auf die Finger schlagen und sie auch, wenn nötig, zerschlagen. *»Modern problems require modern solutions«*, wie es in der Internet-Memewelt so schön heißt. Das Fehlinformationsklima im Netz muss einfach aufgeräumt werden. Über Meinungsfreiheit können wir uns aufregen, wenn wir zumindest eine gemeinsame Informationslage haben. Außerdem will ich verdammt noch mal sicher online wählen können. Willkommen im einundzwanzigsten Jahrhundert.

Schritt 2: Die Jugendorganisationen der Parteien müssen näher an den Diskurs gerückt werden. Nicht weil »die Jugend« die Themen vorgeben soll, sondern weil es bei allem Gelaber über Diversität und Repräsentanz das Ganze auch auf einem Generationenlevel braucht. Im Übrigen nicht wegen des Alters, sondern um einen sinnvollen Werte- und Lebensstil-Mix zu garantieren. Wenn das nicht geschieht, wird die politische Entfremdung innerhalb der Generationen bis zur Revolution ansteigen.

Schritt 3: Ganz organisch würde sich somit die Themensetzung innerhalb der Parteien diversifizieren und dort endlich auch mal ein bisschen gelebte Demokratie entstehen. Das Motto lautet mal wieder: Gemeinsam unterschiedlich sein. In den letzten Jahren waren die politischen Parteien de facto Monokulturen, die von einem kleinen politischen Virus völlig zerlegt wurden. Wir haben zugesehen, wie die neue Rechte auf die klar offenen Flanken drückte und das Kartenhaus widerstandslos zusammenbrach. Es gibt allerdings ein relativ gutes Gegengift: Frauen in der Politik. Sie haben vor und in der Krise eine dermaßen gute Leistung hingelegt, dass ich notfalls sogar aus reinem politischen Kalkül auf sie setzen würde.

Das politische System der Schweiz wird allgemein als verdammt gut, weil partizipativ, diskurserzwingend und inklusiv angesehen. Ausschlaggebend dafür ist sicherlich, dass das höchste exekutive Amt, namentlich der Bundesrat, aus sieben Mitgliedern besteht. Das nennt sich Kollegialitätsprinzip und ist in den meisten Demokratien, wo sich Opposition und Regierung tagtäglich nur anschwärzen, kaum vorzustellen. Wissen Sie, wer dort gerade Bundespräsident:in ist? Vermutlich nicht, das Amt wechselt nämlich jedes Jahr, wodurch es für machtgeile Soziopathen relativ unattraktiv ist. Das ganze System ist zusätzlich sehr direkt-demokratisch orientiert und braucht keinen Alpha-Affen, der durchgehend an der Spitze ist, wie wir es aus so manch anderen Ländern kennen. Von der Kultur der direkten Demokratie denken wir alle immer: Das geht bei uns niemals. Zu viele Idioten. Ich würde sagen, wir sind nun für beides bereit. Wenn die jüngeren Generationen aufgrund des Systems wissen, dass sie alle paar Jahre wirklich in die Hegemonie hineinkommen und Entscheidungen treffen können, würde das die Anteilnahme und die Heterogenität durchaus in die richtige Richtung bewegen. Wenn direkte Demokratie kultiviert wird, können wir auch den Populisten:innen etwas entgegenstellen. Unmittelbar zu denken, die eigene Gesellschaft sei schlichtweg zu dumm dafür, halte ich für selbstgefälligen Zynismus. Wir leben im Zeitalter der Information, durch eine direkte Demokratie wären vermutlich auch größere Institutionen daran interessiert, mit echten Fakten statt nur Polemik zu führen. Denn im Ende siegt, man glaubt es kaum, die Wahrheit. Wie beim Generationenkonflikt führt eine echte, informierte Auseinandersetzung zu einer *Austragung* des Konflikts. Keine hinterlistigen, verlogenen rhetorischen Tricks, sondern das Thema wird abgearbeitet und dann auch gelöst. Ein Schweizer System mit Generationstwist und mündigen, direkten Wähler:innen könnte durchaus interessant sein. Die Information ist da, der Wille auch. Wir müssen das Rad nicht neu erfinden, sondern nur ein wenig anpassen.

Ein wütendes Friedensangebot

Es ist heutzutage gar nicht so einfach, ein versöhnliches, konstruktives Buch zu schreiben. Im Bann der Aufmerksamkeitsökonomie haben wir gemerkt, dass einfach nur nörgeln und sich empören doch sehr angenehm sein kann. Live zu beobachten, wie wir uns an Hass im Netz aufgeilen, ist schon ernüchternd. Ebenso, Verantwortung abzuschieben, sei es auf Menschen aus anderen Kulturen, Rassen oder eben Generationen. Es ist auch wahrlich frustrierend zu sehen, wie wir alle immer wieder auf denselben Schrott reinfallen. Konflikt zieht Aufmerksamkeit, das wissen wir aus der Geschichte. Aber irgendwie leben wir zumindest im Westen in einer dauernden Dissonanz. Wir wollen eigentlich, dass alles schrecklich ist, sodass sich die Suche nach einem Schuldigen überhaupt rentiert. Nur irgendwie ist es wirklich *not so bad.*

Wenn wir uns die Rebellionen der Vergangenheit und Gegenwart anschauen, könnten wir das Gefühl kriegen, dass alles langsam den Bach runtergeht. Vielleicht sollte man an dieser Stelle noch mal betonen, dass der Unterschied zwischen Rebellion und Revolution ein wichtiger und gehöriger ist. Rebellionen sind die Hilferufe, oft die einer Generation. Werden sie nicht erhört, kriegen wir ein Problem. Dann besetzen die »Kids« nicht länger irgendwelche Orte der politischen Verantwortlichkeit mit Zeltstädten, sondern sie zünden fucking Autos an. Es kann auch anders gehen, so wie es in den innerfamiliären Rebellionen oft abläuft. Erst ist man dafür, dagegen zu sein. Mit der Zeit merkt man wohl, dass nicht alles doof ist, nur einiges. Dann findet sich ein gesundes Mittelmaß. In der Kombination aus Neuem und Altem entsteht nachhaltiger Wandel. Das wird in den so oft als »polarisiert« genannten Zeiten aber immer schwieriger. Eine lohnenswerte Zukunft entsteht nur dann, wenn Beziehungen gelingen. Nicht wenn alles, was digitalisiert werden kann, endlich digitalisiert ist – der smarte Toaster lässt grüßen. Die Erlösung vom Fluch des Selbstbewusstseins, des Feststeckens im Körper eines relativ gut entwickelten Affen, gibt es nicht. In diesem Sinne ist dieses Buch ein Versuch, aufzuzeigen, welche fucking Zukunft uns bevorsteht, wenn wir über Altersgrenzen hinweg denken und handeln. Es ist sehr dankbar, einfach zu sagen: »Boomer sind schuld, alles scheiße, komme, Weltuntergang.« Dabei gibt es so viele Ähnlichkeiten zwischen den Generationen, die ignoriert werden. Sei es Klima, Arbeit, Internet, es betrifft alle. Wir wurschteln uns da schon länger durch. Sonst kann man immer noch sagen, wir spielen auf Zeit, irgendwann sind alle Boomer tot. Nur sollte man nicht vergessen, dass die Generation C und die, die uns folgen werden, eines Tages ganz ähnlich über uns sprechen werden, wenn wir diese Negativspirale nicht durchbrechen. Deswegen ist die Suche nach einem neuen »Gemeinsam« vielleicht auch ein subjektiver Wunsch, nicht eines Tages selbst als Feindbild oder Sündenbock gehandhabt zu werden.

Als die Coronakrise losging, hatten wir alle das Gefühl, jetzt endlich in dem dystopischen Hollywoodfilm unserer Wahl zu sein. »Tag 34 der Krise, das Virus ist nun auch im Iran und in

Indien«, waren Schlagzeilen, die wir alle schon in den postapokalyptischen Medienstücken gesehen hatten. Nur gab es einen Faktor, bei dem diese Filme im Vergleich zur Realität massiv danebenlagen. Das Schlimmste, Tiefste der menschlichen Natur, das wir zu Gesicht bekamen, waren nämlich die Klopapier-Angstkäufer:innen. Doch statt dass alle ihre Häuser zunagelten, sich Waffen besorgten und eine Art pandemischer Wilder Westen entstand, war auf der anderen Seite das zentrale Gefühl das der Zwischenmenschlichkeit. Es mag pathetisch klingen, vermutlich im Rückblick wie die berüchtigten »Bahnhofsklatscher« der Flüchtlingskrise behandelt werden, aber das Singen auf den Balkonen war ein seltener humaner Lichtblick in Zeiten, wo vor, während und somit auch nach der Krise alles scheiße sein muss. Ebenso berührend und ungewohnt waren die Menschen, die für ihre älteren Nachbarn einkaufen gingen, um deren Infektionsrisiko zu vermindern. Das sind die stilistischen Bilder, die uns bleiben müssen. Nach den großen Krisen der Menschheit entstanden schon immer riesige Wellen der Solidarität. Das Dogma, dass Krisen uns zu unkooperativem, destruktivem Verhalten bringen würden, hat sich meistens nicht bestätigt. Leider prägt es uns seit den Gräueltaten des Zweiten Weltkriegs. Bücher wie *Herr der Fliegen* von William Golding wollten uns zeigen, dass sogar Kinder in einer Notsituation zu mordlustigen Barbaren werden können. Der Roman handelt von einer Gruppe englischer Schulkinder, die auf einer Insel stranden. Ziemlich schnell degeneriert das Verhalten zu Mord, Panik und Spaltung. Dieses Buch wurde nach seinem Erscheinen im Jahr 1954 dermaßen ein Bestseller, dass wir es unter anderem als Grundsatz für die menschliche Natur voraussetzen. Egoistisch, zerstörerisch, jeder ist sich selbst der Nächste, sobald es knapp wird. Dabei war dieses Werk pure Fiktion. Ein unbekannter Fakt ist, dass ein ähnliches Abenteuer allerdings wirklich passierte – im Jahre 1965 auf einer kleinen Insel in der Nähe von Tonga. Nur ging die Geschichte ganz anders aus. Die gestrandeten Jungs kooperierten, überlebten und wurden nach fünfzehn Monaten gerettet. Der menschliche Abgrund als Normalzustand im Krisenfall tat sich nirgends auf. In harten Situationen werden wir vielmehr zwangsmäßig kooperativ, von klein auf.

Übertragen wir diese Lektionen doch mal auf unseren brennenden Generationenkonflikt: die Boomer gegen den Rest.

Ein einfaches und vor allem dämliches Argument ist natürlich zu sagen, die Boomer fühlten sich bedroht, also musste die Welt sich ändern. Das zeugt von einem Mangel an Empathie und einer ungesunden Dosis Zynismus – auch wenn natürlich etwas dran ist. Festgefahrene Hegemonien lösen sich auf, eine neue Solidarität wird sich finden. Es war interessant zu sehen, wie fast jeder das Thema Generationen mit einer Assoziation zu langweiligen Rentnerdiskussionen verband. Dabei ist es wohl eine der integralsten gesellschaftlichen Erfahrungen. Generationen sind weitaus fluider, als es im öffentlichen Diskurs gehandhabt wird, und sich auch weitaus ähnlicher. Wie wir gesehen haben, wissen viele Menschen nicht einmal, welcher sie angehören, sondern dividieren die Gesellschaft in Jung und Alt. Wird es der Generation nach meiner besser gehen? Und der meiner Enkel:in? Und ihren Kindern? Wozu der ganze Fortschritt, wenn er sich nicht auch positiv auf diese Menschen auswirkt und die danach – auch diejenigen, die wir niemals kennen werden. Irgendwo in uns allen, vielleicht im Moment etwas tiefer versteckt, gibt es diesen evolutionären Drang, eine bessere Nachwelt zu schaffen. *Posterity.* Zu kombinieren gilt es die Weisheit der Lebenserfahrung mit dem Tatendrang der Jungen. Nur existieren genauso »Alte« mit dem Wunsch, Dinge zu verändern, wie es junge Wandlungsmuffel gibt. Generationen nur über das Alter zu definieren, ist zunehmend Wunschdenken. Aber es lohnt sich, die Klischees zu kennen, sich darüber zu amüsieren und sie anschließend abzuschütteln.

Alter ist ein Teil der Gleichung, aber keineswegs das zentrale definierende Merkmal. Mit dieser Einstellung fällt zumindest ein Teil der Generationenfeindschaft weg. Man kann Menschen auch ganz abseits ihres Alters hassen. Boomer-Bashing ist sowieso schon so 2018.

Gefühlt war das kurze Zeitalter der Rebellionen – etwa ab Mitte des zwanzigsten Jahrhunderts – ein Weckruf, dass unsere alten Problemlösungsmechanismen nicht mehr funktionieren. Draufhauen, Sündenböcke suchen, alle anderen sind schuld. Das geht nur bei sehr einfachen Problemen. Die Welt ist und wird immer komplexer, somit müssen auch neue Zugänge her. Generationssolidarität ist – pardon – einfach ein beschissenes Wort. Nicht sexy, in der Aufmerksamkeitsökonomie nicht zu verwenden. Da denkt man sofort an eine Diskussion über die Rente oder Aussagen wie: »Ich mag meine Enkelkinder doch.« Generationssolidarität als Begriff überlebt in der Aufmerksamkeitsökonomie keinesfalls. Aber er ist einer der zentralen Bausteine, wenn wir eine bessere Zukunft vor uns haben wollen. Durch die Hyperindividualisierung ist natürlich etwas Gemeinschaft verloren gegangen, und wir sehnen uns bereits wieder danach. Bei uns im Westen steht die Zeit irgendwie still. Es ist alles ganz gut, der Wohlstand ist da, aber irgendwie werden wir nicht glücklicher. Wir werden vom Industriezeitalter und seinen Strukturen noch als Geiseln gehalten. Während die anderen Länder der Welt noch viel Aufschwung vor sich haben, stehen wir an der vermeintlichen Spitze und denken uns: *That's it?*

Uns stehen aber auch noch weitere Rebellionen, Krisen und vielleicht sogar Revolutionen bevor. Nicht, dass man mich als blinden Utopisten darstellt. Diese Konflikte sind nötig, um uns wandlungsfähig und gesund zu halten. Ich freue mich auch schon richtig auf den nächsten. Man muss nur im Großen wie im Kleinen ehrlich damit umgehen. Im Notfall ein bisschen radikale Ehrlichkeit anwenden. Gut möglich ist, dass es – wieder dank Corona beschleunigt – eine neue Diskussion um die Rente gibt. Damit meine ich, dass die Verteilung des Wohlstands ein massives Thema werden wird. Dann haben wir fast alles durch, Rasse, Geschlecht, Kultur, Sexualität, all unsere vermeintlich trennenden Eigenschaften. Wir haben endgültig verstanden, dass gemeinsame Unterschiede uns stark machen. Ich erinnere an dieser Stelle an die Nazis und die Borkenkäfer.

Wir sehen, dass wir auch aus einer Krise mit kreativer Zerstörung wachsen können. Ähnlich wie nach der Pest droht uns eine Renaissance. Wenn man sich im Kontext der Kunst und Kultur an diese Zeit zurückerinnert, schwirren einem leicht adipöse Personen korpulent auf diversen Sitzgarnituren vor. Ein bisschen fahl ist die Haut – schon lange keine Sonne mehr gesehen. Gewisse Parallelen zu unserer Erfahrung mit den Lockdowns können nicht übersehen werden. Ich bin durchaus gespannt, welche künstlerischen Artefakte diese Krise hervorbringt. Auf jeden Fall ganz viel Zeug mit Masken und Homeoffice. Wie dem auch sei, es wird ordentlich was weitergehen. Mit großem Schrecken bemerken die Hegemonien, dass die Mitglieder:innen der jüngsten Rebellionen schon sehr bald einen großen Anteil der arbeitenden Bevölkerung ausmachen werden. Ohne marxistisch werden zu wollen: Wenn die zu viel Arbeit in der Hand haben (wenn auch noch wenig Kapital) oder sogar in ökonomische sowie politische Führungspositionen kommen, wird der Wandel ganz von selbst stattfinden. Aber das Argument, im Ende löse sich das Problem eben demografisch, ist auch mir zu zynisch. Dieses Buch soll in erster Linie der Versuch sein, diese Zukunft zu vermeiden. Wütend, aber konstruktiv. Von Generationen und ihrem Ablaufdatum als Modell. Generationen erkennen, ein bisschen über unsere gemeinsamen Differenzen lachen, anschließend drauf pfeifen, abschließend gemeinsam vorwärts. Die nächste Rebellion kommt bestimmt, sei sie zu Hause, im Geiste oder eben auf der Straße. Freuen wir uns darauf, versöhnlich und wütend zugleich.

Dank

Schon ein nervig, wie vielen Menschen man bei seinem ersten Buch danken muss.

Nach einem wütenden Friedensangebot darf eine Danksagung aber nicht fehlen, denn viele der Klischees und Beispiele, die in diesem Buch vorkommen, wurden von meinem Freundes- und Familienkreis inspiriert – so ehrlich muss ich sein. Insofern sorry und danke zugleich.

Zuerst zu den üblichen Verdächtigen: meine Familie, vor allem meinen Eltern. Ohne die ewig langen Diskussionen am Essenstisch wäre ich niemals auf die Thesen der Rebellion und des häuslichen Generationenkonflikts gekommen. Ohne ihre angelsächsische Sozialisation wäre ich vermutlich nur halb so lustig geworden. Gezwungenermaßen bin ich dadurch schon in sehr frühen Jahren allen möglichen intelligenten Menschen aus aller Welt über den Weg gelaufen. Natürlich haben sie mich beide auch tatkräftig bei meiner eigenen Rebellion unterstützt und ertragen. Besonderer Dank gehört meinem Bruder Julian, der die ruhigere, besonnenere und bedachtere Version meiner selbst ist. Auch er hat mehr als genug meine rebellischen, pubertären Tendenzen abbekommen.

Danke an meine Oma Christa, die eine Form der bedingungslosen Liebe verstrahlt, die schwer zu finden ist, sowie an meine beiden Onkel Sven und Andy, die mir in Frankfurt Unterschlupf gewähren und dort die Stellung halten. Ohne meinen Ziehonkel Erno würde ich mein Leben sowieso nicht im Griff haben, keine Ahnung, was ich ohne ihn tun würde. Opa Paul soll sich nicht beschweren, der hat die Widmung gekriegt.

An dieser Stelle muss ich mich an all jene wenden, die mir wirklich geholfen haben, schreiben zu lernen, und zwar mit 26 Jahren. Bisschen spät, ich weiß. Ohne meine Agentin Lena hätte ich vermutlich nie den Mut gehabt, überhaupt ein Buch zu schreiben, geschweige denn so ein wütendes. Nur durch die endlose Unterstützung meiner Lektorin Cindy habe ich mich getraut, so zu schreiben, wie ich wirklich denke – inklusive dem F-Wort auf dem Cover. Darf man das überhaupt? Mit Angela habe ich dieses Buch so oft redigiert, bis ich es selbst nicht mehr lesen konnte. Danke an all eure ruhigen, smarten Herangehensweisen, eurer Nachsicht und sorry wegen der ganzen Rechtschreibfehler. Meine Kolumnen-Chefin Alexandra, die mich eines Tages bei einer Konferenz sah und fragte »Hey, magst du eine Kolumne für die größte Zeitung des Landes schreiben?«, hat den Start einer hoffentlich etwas längeren Schreibkarriere gestartet. Jede Woche muss sie meinen Stuss lesen – die Arme. Ohne meine frühere Klassenmutti Claudie Kreutlisch, die immer an mich geglaubt hat, hätte ich es womöglich niemals durch die Schulzeit geschafft. Unvermeidbar gehört aber auch eine riesige Portion dank dem ganzen Team des Zukunftsinstituts, der besten Denkschmiede der Welt. Ohne eure smarten Hirne und Schreibwendungen wäre mein Wortschatz nur halb so groß. Caro, was wäre ich ohne dein Organisationstalent? Lena, ohne unsere erste Studie wäre ich nie auf das Thema der Generationen gestoßen. Michaela und Thomas, ohne euch würde ich vortragslos in der Pampa hängen bleiben. Nicht zu vergessen Ike und Evelyn, die mir in den Alpen einen Unterschlupf bieten, um zu denken, und eben auch dieses Buch in Ruhe zu schreiben. Übrigens danke Laura, dass ich damals dein Empfehlungsschreiben anfertigen durfte – war sehr gut für das junge Autorenego.

Abschließend zu denjenigen, die mit mir rebellier(t)en. Stefan, meine Nemesis, bester Kritiker und Hirn-Sparringpartner. Du und Christoph habt wie sonst niemand meine unerträglichen Höhen und Tiefen ertragen sowie bis in die frühen Morgenstunden über Gott und die Welt diskutiert. Ich schätze mal, die Hälfte dieses Buches sind nur Übersetzungen unserer freudetrunkenen Diskussionen. Wenn ich doch nur halb so gut schreiben könnte wie ihr. Leo, Mike und Daniel, danke, dass ihr den sicheren Freundeshafen bildet, den man braucht, um sich in der Welt orientieren zu können. Ohne die Lederjacken-Gang wäre die Rebellion nur halb so cool gewesen. Natürlich auch danke an den liebevollsten Soziopathen, den ich kenne, Phil. Hanna, ohne dich hätte ich niemals gewusst, wo Südtirol überhaupt ist, und wie schlecht ich eigentlich Sprachen beherrsche. Chiara, du hast mir ein Sarkasmus-Level gelehrt, dass ich für unmöglich gehalten hatte. Lilly, ohne dich wäre ich ein sehr einsamer Ire in diesem fremden Land. Katie, was hätte ich nur ohne dein organisatorisches Talent in der Uni getan? Ohne Paul und Luki hätte ich niemals gelernt, wie man richtig feiert. Stefan, Vincent und Ben, ihr wart die Jugendcrew, die man niemals missen sollte – wir sehen uns in der Zukunft. Tommy, wild wie eine zufällige Freundschaft, die in einem hoffentlich sehr langen gemeinsamen Leben und Arbeitspfad enden kann.

Du neuer Hippie bist ein absolutes Idol für mich, ich hoffe, ich krieg das Leben noch so gut hin wie du und Petra.

Danke auch an all diejenigen, die ich vergessen habe, zum Beispiel Kevins legendäres Curry. Auch ihr habt mein erstes Buch geprägt – *whether you like it or not.*

Das sollte jetzt alles nicht so sentimental klingen. Jeder, der mich kennt, weiß, das gibt es nur hinter verschlossenen Türen.

Literatur- und Quellenverzeichnis

Internet-Quellen (in chronologischer Reihenfolge)

Westcoff, K., Loucks, J., Downs, K., Watson, J. (19.03.2018). *Digital media trends survey. A new world of choice for digital consumers.* Deloitte. Abgerufen am 08.05.2021, https://www2.deloitte.com/us/en/insights/industry/technology/digital-media-trends-consumption-habits-survey-2018.html

Jones, K. (04.03.2020). *The Most Loved Brands, by Generation.* Visual Capitalist. Abgerufen am 08.05.2021, https://www.visualcapitalist.com/the-most-loved-brands/

Viens, A. (21.09.2019). *Visualizing Social Media Use by Generation.* Visual Capitalist. Abgerufen am 08.05.2021, https://www.visualcapitalist.com/visualizing-social-media-use-by-generation/

The Guardian. (O. J.). Older people more likely to share fake news on Facebook, study finds. Abgerufen am 26.04.2021, https://www.theguardian.com/technology/2019/jan/10/older-people-more-likely-to-share-fake-news-on-facebook

Rövekamp, M. (26.04.2019). Vernetzt – und doch allein. Tagesspiegel. Abgerufen am 08.05.2021, https://www.tagesspiegel.de/wirtschaft/einsamkeit-im-digitalen-vernetzt-und-doch-allein/24458572.html

Hilliard, J. (14.08.2019). *Study Reveals Gen Z As The Loneliest*

Generation In America. Addiction Center. Abgerufen am 08.05.2021, https://www.addictioncenter.com/news/2019/08/gen-z-loneliest-generation/

Statista Research Department. (Januar 2019). Share of U.S. respondents on main cause of climate change as of 2018, by generation. Abgerufen am 08.05.2021, https://www.statista.com/statistics/297260/united-states-global-climate-change-public-opinion-generation/

Centers for Disease Control and Pandemic. (21.03.2018). History of 1918 Flu Pandemic. Abgerufen am 26.04.2021, https://www.cdc.gov/flu/pandemic-resources/1918-commemoration/1918-pandemic-history.htm

Roper, C. (2008). *Political Correctness.* Abgerufen am 17.06.2020, https://www.britannica.com/topic/political-correctness

Statista Research Department. (12.06.2019). Umfrage in Deutschland zur Häufigkeit von Einsamkeit nach Alter 2019. Abgerufen am 08.05.2021, https://de.statista.com/statistik/daten/studie/1014929/umfrage/umfrage-in-deutschland-zur-haeufigkeit-von-einsamkeit-nach-alter/

Statista Research Department. (03.08.2020). Corona-Krise: Homeoffice-Nutzung vor und während der Corona-Krise Q2 2020. Abgerufen am 08.05.2021, https://de.statista.com/statistik/daten/studie/1140049/umfrage/corona-krise-homeoffice-nutzung-und-potenzial/

Gross, D. M., und Scott, S. (24.06.2001). Proceeding With Caution. Time. Abgerufen am 10.05.2021, http://content.time.com/time/magazine/article/0,9171,155010,00.html

Carufel, R. (12.11.2018). *Gen Z's preference for »sensory journalism« reflects new trend in news consumption.* Agility PR Solutions. Abgerufen am 08.05.2021, https://www.agilitypr.com/pr-news/public-relations/gen-zs-preference-for-sensory-journalism-reflects-new-trend-in-news-consumption/

Climate NASA Government. (O. J.). Climate Change: How Do We Know? Abgerufen im März 2021, https://climate.nasa.gov/evidence/

Mailhes, L. (05.06.2020). Oakland, CA. Earth Overshoot Day Press release 2020. Abgerufen im April 2021, https://www.overshootday.org/newsroom/press-release-june-2020-english/

Amnesty International. (28.02.2017). Glossar für diskriminierungssensible Sprache. Abgerufen im Februar 2021, https://www.amnesty.de/2017/3/1/glossar-fuer-diskriminierungssensible-sprache

Clement, A. (29.08.2019). U.S. consumer trust in social media ads 2019. Statista. Abgerufen im März 2021, https://www.statista.com/statistics/1041560/social-media-ads-consumer-trust/

The Guardian. (O. J.). The real Lord of the Flies: what happened when six boys were shipwrecked for 15 months. Abgerufen im März 2021, https://www.theguardian.com/books/2020/may/09/the-real-lord-of-the-flies-what-happened-when-six-boys-were-shipwrecked-for-15-months

Print

Arber, S. Attias-Donfut, C. (2002). *The Myth of Generational Conflict: The Family and State in Ageing Societies. Studies in European Sociology.* London: Routledge

Ariely, D. (2010). Predictably Irrational, Revised and Expanded Edition: The Hidden Forces That Shape Our Decisions. New York: Harper

Drew, M., & Williams, H. (2012). Pendulum: How past generations shape our present and predict our future. New York: Vanguard Press

Gatterer, H., Muntschick, V., Hofstätter, P., Seitz, J., Papasabbas, L., Schuldt, C., Kelber, C., Morrison, M., Kristandl, C. (2020). *Lebensstile.* Frankfurt: Zukunftsinstitut

Gatterer, H., Kappes, C., Kelber, C., Kühmayer, F., Muntschick, V., Papasabbas, L., Schuldt, C., Zec, P. (2018). *Hands-on Digital.* Frankfurt: Zukunftsinstitut

Gatterer, H., Horx, M., Muntschick, V., Hertle, D., Kirig, A., Anthes, D., Schuldt, C., Papasabbas, L., Brandes, N. (2017). *Die neue Achtsamkeit.* Frankfurt: Zukunftsinstitut

Gatterer, H. (2016). *Pro-Aging.* Frankfurt: Zukunftsinstitut

Greene, R. (2018). The Laws of Human Nature. New York: Viking

Harari, Y. (2015). Sapiens: A Brief History of Humankind. New York: Harper

Harari, Y. (2018). 21 Lessons for the 21st Century. New York: Random House

Herring, H. (2019). Connecting Generations; Bridging the Boomer, Gen X, and Millennial Divide. Maryland: Rowman & Littlefield Publishers

Horx, T., Kelber, C., Muntschick, V., Papasabbas, L. (2017). *Generation Global.* Frankfurt: Zukunftsinstitut

Horx-Strathern, O. (2020). *Home Report 2021.* Frankfurt: Zukunftsinstitut

Hurst, A. (2016). The Purpose Economy, Expanded and Updated: How Your Desire for Impact, Personal Growth and Community Is Changing the World. Indiana: Elevate

Kelly, K. (2016). The Inevitable: Understanding the 12 Technological Forces That Will Shape Our Future. New York: Viking

Manson, M. (2019). Everything is F*cked: A Book about Hope. New York: Harper

Muntschick, V., Papasabbas, L., Pfuderer, N., Schuldt, C., Seitz, J. (2019). *Neo-Ökologie – Der wichtigste Megatrend unserer Zeit.* Frankfurt: Zukunftsinstitut

Pinker, S. (2014). How the Mind Works. Brilliance Audio: Michigan

Rattio, C., & Claudel, M. (2016). The City of Tomorrow: Sensors, Networks, Hackers, and the Future of Urban Life. Connecticut: Yale University Press

Ross, A. (2017). The Industries of the Future. New York: Simon & Schuster

Sapolsky, R. (2017). Behave: The Biology of Humans at Our Best and Worst. New York: Penguin Press

Schuldt, C. (2015). *Youth Economy.* Frankfurt: Zukunftsinstitut

Sutherland, R. (2019). Alchemy: The Dark Art and Curious Science of Creating Magic in Brands, Business, and Life. New York: William Morrow

Tegmark, M. (2017). Life 3.0: Being Human in the Age of Artificial Intelligence. New York: Knopf

Tetlock, P., & Gardner, D. (2016). Superforecasting: The Art and Science of Prediction Paperback. New York: Crown

Zukunftsinstitut (Hrsg.). (2021). Megatrend Dokumentation. Frankfurt: Zukunftsinstitut